厚大®法考 Judicial Examination

金题卷

名师精编　深研命题

民诉法突破110题

应试提点　实战推演

刘鹏飞◎编著｜厚大出品

中国政法大学出版社

代总序

GENERAL PREFACE

做法治之光

——致亲爱的考生朋友

如果问哪个群体会真正认真地学习法律，我想答案可能是备战法考的考生。

当厚大的老总力邀我们全力投入法考的培训事业，他最打动我们的一句话就是：这是一个远比象牙塔更大的舞台，我们可以向那些真正愿意去学习法律的同学普及法治的观念。

应试化的法律教育当然要帮助同学们以最便捷的方式通过法考，但它同时也可以承载法治信念的传承。

一直以来，人们习惯将应试化教育和大学教育对立开来，认为前者不登大雅之堂，充满填鸭与铜臭。然而，没有应试的导向，很少有人能够真正自律到系统地学习法律。在许多大学校园，田园牧歌式的自由放任也许能够培养出少数的精英，但不少学生却是在游戏、逃课、昏睡中浪费生命。人类所有的成就靠的其实都是艰辛的训练；法治建设所需的人才必须接受应试的锤炼。

应试化教育并不希望培养出类拔萃的精英，我们只希望为法治建设输送合格的人才，提升所有愿意学习法律的同学整体性的法律知识水平，培育真正的法治情怀。

厚大教育在全行业中率先推出了免费视频的教育模式，让优质的教育从此可以遍及每一个有网络的地方，经济问题不会再成为学生享受这些教育资源的壁垒。

最好的东西其实都是免费的，阳光、空气、无私的爱，越是弥足珍贵，越是免费的。我们希望厚大的免费课堂能够提供最优质的法律教育，一如阳光遍洒四方，带给每一位同学以法律的温暖。

没有哪一种职业资格考试像法考一样，科目之多、强度之大令人咂舌，这也是为什么通过法律职业资格考试是每一个法律人的梦想。

法考之路，并不好走。有沮丧、有压力、有疲倦，但愿你能坚持。

坚持就是胜利，法律职业资格考试如此，法治道路更是如此。

当你成为法官、检察官、律师或者其他法律工作者，你一定会面对更多的挑战、更多的压力，但是我们请你持守当初的梦想，永远不要放弃。

人生短暂，不过区区三万多天。我们每天都在走向人生的终点，对于每个人而言，我们最宝贵的财富就是时间。

感谢所有参加法考的朋友，感谢你愿意用你宝贵的时间去助力中国的法治建设。

我们都在借来的时间中生活。无论你是基于何种目的参加法考，你都被一只无形的大手抛进了法治的熔炉，要成为中国法治建设的血液，要让这个国家在法治中走向复兴。

数以万计的法条，盈千累万的试题，反反复复的训练。我们相信，这种貌似枯燥机械的复习正是对你性格的锤炼，让你迎接法治使命中更大的挑战。

亲爱的朋友，愿你在考试的复习中能够加倍地细心。因为将来的法律生涯，需要你心思格外的缜密，你要在纷繁芜杂的证据中不断搜索，发现疑点，去制止冤案。

亲爱的朋友，愿你在考试的复习中懂得放弃。你不可能学会所有的知识，抓住大头即可。将来的法律生涯，同样需要你在坚持原则的前提下有所为、有所不为。

亲爱的朋友，愿你在考试的复习中沉着冷静。不要为难题乱了阵脚，实在不会，那就绕道而行。法律生涯，道阻且长，唯有怀抱从容淡定的心才能笑到最后。

法律职业资格考试不仅仅是一次考试，它更是你法律生涯的一次预表。

我们祝你顺利地通过考试。

不仅仅在考试中，也在今后的法治使命中——

不悲伤、不犹豫、不彷徨。

但求理解。

厚大®全体老师　谨识

目 录

CONTENTS 金题卷

第1讲　基本理论

聚焦考点1 民诉法的属性

难度系数★★

1. 向某与一外国籍女子结婚后，因其妻子出轨起诉离婚。关于本案适用的民事诉讼程序和规范，下列说法不正确的有：（　　）（多选）

A. 案件尚未审结，《民事诉讼法》就已经修正并生效的，该离婚案件应依据“从旧”规则按照修正前的《民事诉讼法》审理

B. 按照国际私法的原则，向某和其妻子可以协议选择适用妻子国籍国的民事诉讼法作为审理案件的准据法

C. 双方当事人在民事诉讼程序中可以约定案件的管辖法院和案件的证明责任分配

D. 因本案适用的民事诉讼程序解决的是平等主体之间的财产纠纷和人身纠纷，所以民事诉讼法属于私法

知识总结

法律地位	民事诉讼法是基本法
调整对象	民事诉讼法是部门法
规定内容	民事诉讼法是程序法
法律性质	民事诉讼法属于公法
主体效力	不允许当事人选择适用外国民事诉讼法
时间效力	民事诉讼法具备溯及力

聚焦考点2 诉讼标的与分类

难度系数★★★

2. 关于民事诉讼中“诉”的基本理论，下列说法错误的有：（　　）（多选）

A. 王某起诉要求高某偿还借款50万元。本案中，偿还50万元的主张是诉讼请求，诉讼标的是50万元

B. 顾某诉至法院，要求与杨某离婚，杨某答辩称自己从未与顾某结婚，二人之间没有婚姻

关系。本案属于确认之诉

C. 孙某起诉自己的前妻赵某，要求赵某将孩子交给自己抚养。本案属于给付之诉

D. 王某请求法院确认其妻子为精神病人，没有民事行为能力。本案属于确认之诉

知识总结

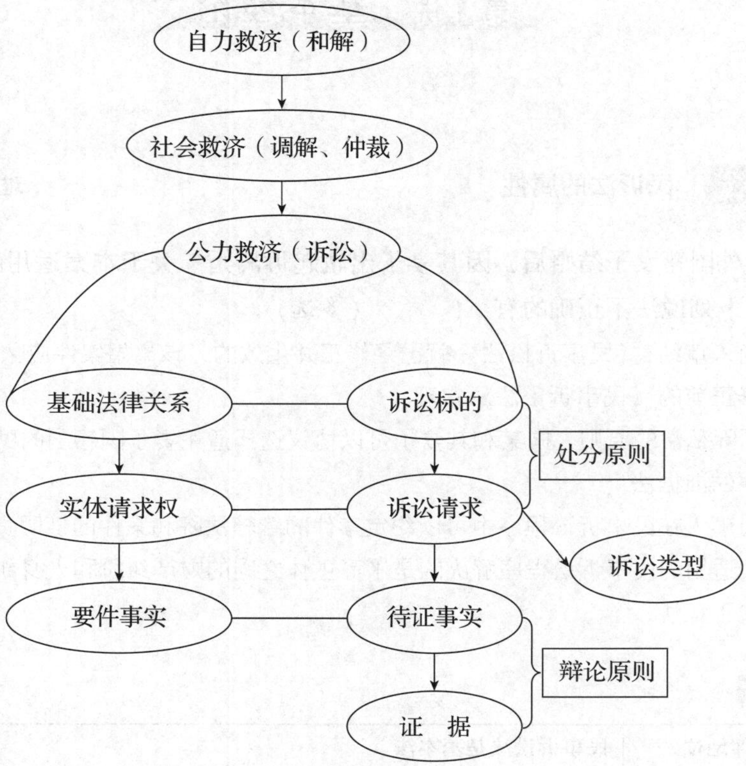

1. 诉讼标的是当事人争议的法律关系，任何案件都有诉讼标的，一个案件可以有多个诉讼标的。
2. 诉的种类围绕诉讼标的展开：
   （1）确认诉讼标的存在或者不存在的诉——确认之诉；
   （2）变更一个既存诉讼标的的诉——变更之诉；
   （3）根据法律关系要求对方履行给付义务的诉——给付之诉（给付财物或者行为）。
3. 诉讼请求依据诉讼标的提出。依据某一诉讼标的，可以提出很多诉讼请求。诉讼请求变化，诉讼标的并不一定随之变化。
4. 一个案件中可以有多个诉。例如，本诉和反诉的合并、本诉和参加之诉的合并、普通共同诉讼的合并。合并审理的诉都是独立的诉，可以合并审理，也可以分别审理。

3. 甲从乙处订购了一批沙发座套，但乙未按期交货。甲将乙诉至法院，要求解除合同。

后甲又向法院提出撤诉。随后，甲又起诉至同一法院，再次要求解除合同。法院在审理中发现，乙在订立合同时已经患有严重精神疾病，丧失了民事行为能力。乙的代理人主张受理该案件法院没有管辖权，并向受案法院提出反诉，请求追究甲的违约责任。关于本案，下列说法不正确的有：（　　）（多选）

A. 甲的第二次起诉属于确认之诉，因为合同在第一次起诉时已经解除

B. 针对审理中发现的事实，法院应向甲释明，令其变更诉讼请求

C. 若受案法院查明本院确实没有管辖权，可以移送管辖

D. 本案第二次起诉被受理的，第一次审理本案的法官应回避

第2讲 基本原则

聚焦考点3 基本原则

难度系数★★★

4. 关于民事诉讼法的基本原则，下列说法错误的有：（　　）（多选）

A. 根据民事诉讼的处分原则，法院不得超出当事人诉讼请求的范围进行裁判和调解

B. 证人出庭陈述证言并接受双方当事人询问属于行使辩论权的体现

C. 法律适用应由法院依职权进行，当事人无权对此进行辩论

D. 检察院发现证人作伪证，违反诚信原则的，可以依法予以法律监督

知识总结

1. 平等原则解决原被告诉讼权利问题，同等、对等原则解决中外当事人诉讼权利问题。
2. 法院超出当事人主张的事实和证据范围判决，违反了辩论原则；法院超出当事人的请求范围判决，违反了处分原则。
3. 恶意诉讼和虚假诉讼违背了诚信原则。诚信原则要求不得欺骗、不得滥用权力（利）。
4. 法院调解原则贯穿于诉讼程序始终，非讼、执行程序不能调解，身份确认案件不能调解。
5. 检察监督及于审判程序（包括诉讼程序和非讼程序）和执行程序，方式包括抗诉和提出检察建议。

第3讲　基本制度

聚焦考点4　基本制度综合考查

难度系数★★

5. 关于民事诉讼法的基本制度，下列说法正确的是：（　　）（单选）

A. 有些法律文书不能通过二审程序救济，但可以适用再审程序救济

B. 审判长的回避都由院长决定

C. 按照再审程序组成的合议庭中不能有陪审员参加审理

D. 陪审员的回避应该由审判长决定

聚焦考点5　审判组织

难度系数★★★

6. 根据我国《民事诉讼法》和相关司法解释的规定，关于审判组织，下列说法正确的有：（　　）（多选）

A. 中级法院审理案件只能由审判员组成合议庭，陪审员不能参加

B. 二审法院裁定发回重审的案件，原审法院可以由审判员与陪审员共同组成合议庭

C. 只要是能适用合议制审理案件的法院，就一定能适用独任制审理案件

D. 特别程序案件只能由审判员审理

知识总结

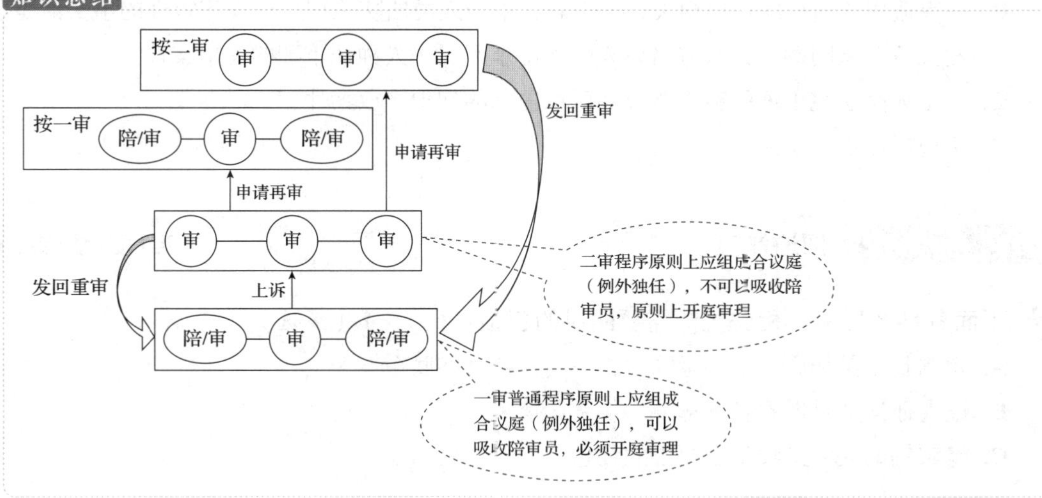

普通程序	原则上必须合议	可以吸收陪审员，陪审员不得担任审判长
		由3、5、7人组成合议庭
		七人合议庭若吸收陪审员，应由3名法官、4名陪审员组成
	满足条件可独任	基层人民法院审理的基本事实清楚、权利义务关系明确的第一审民事案件
简易程序	必须独任	不允许法官自审自记，必须有书记员
二审程序	原则上应合议	不可以吸收陪审员
	满足条件可独任	中级人民法院对第一审适用简易程序审结或者不服裁定提起上诉的第二审民事案件，事实清楚、权利义务关系明确的，经双方当事人同意，可以由审判员一人独任审理
再审程序	必须合议	按一审再审，可以吸收陪审员
		按二审再审，不可以吸收陪审员
特别程序	原则独任	选民资格案、标的额超过基层人民法院管辖范围的实现担保物权案、重大疑难案必须合议，不可以吸收陪审员
督促程序	必须独任	督促转诉讼后按照诉讼程序的规定进行
公示催告程序	分别讨论	公示催告阶段可独任
		除权判决阶段必须合议

7. 根据《民事诉讼法》及其司法解释的规定，下列案件可以独任审理的是：（　　）（单选）

A. 人民法院适用普通程序审理的证据较为充分、案情比较清晰的公益诉讼案件

B. 一审适用普通程序作出判决，上诉后，中级人民法院采用二审程序审理的事实清楚、权利义务关系明确的，双方当事人同意由审判员一人独任审理的民事案件

C. 基层人民法院审理的新类型或者疑难复杂的知识产权案件

D. 实现担保物权案件

聚焦考点6 回避制度

难|度|系|数|★★

8. 下面各种情形中，相关主体需要回避的包括：（　　）（多选）

A. 审判长王某和原告是小学同学，一直保持密切联系

B. 证人孙某是原告的亲哥哥

C. 专家辅助人韩某收受了原告的红包

D. 陪审员白某持有原告方某有限责任公司的股份

聚焦考点7 审判公开

难度系数★★★

9. 关于审判公开，下列说法正确的是：(　　)(单选)

A. 涉及国家秘密的案件，不能公开审理，但要公开宣判

B. 涉及商业秘密的案件，当事人申请不公开的，应不公开审理

C. 公众可以查阅生效的裁判、调解书，但涉及国家秘密、商业秘密和个人隐私的除外

D. 不能公开审理的案件就不能公开质证，可以公开审理的案件就可以公开质证

知识总结

1. 原则上，人民法院审理民事案件应当公开进行。
   (1) 涉及国家秘密、个人隐私的案件，依职权不公开审理；
   (2) 涉及商业秘密的案件、离婚案件，当事人可以单方申请不公开审理，由法院决定是否公开审理。
2. 质证阶段应公开，但涉及国家秘密、个人隐私、商业秘密的，不得公开质证。
3. 评议阶段必须不公开。
4. 宣判阶段必须全部公开。
5. 非民事诉讼程序，除了选民资格案件外，因不开庭审理，故也不公开。
6. 法院调解不应公开，但当事人同意的除外。
7. 仲裁程序不应公开，但当事人同意的除外（涉及国家秘密的案件绝对不能公开）。

聚焦考点8 两审终审

难度系数★★★★

10. 以下案件中，不能上诉的是：(　　)(单选)

A. 甲、乙离婚纠纷经和解后，没有申请法院制作调解书，也没有撤诉的案件

B. N法院适用简易程序审理的王某和美国人汤姆的赔偿金额为500元的财产侵权纠纷

C. 督促程序终结后，当事人表示希望彻底解决纠纷的案件

D. 一审判决送达20天后，当事人才发现上诉事由的案件

第4讲　当事人

聚焦考点9　当事人的基本概念　　难|度|系|数|★★★

11. 关于当事人的基本概念，下列说法不正确的有：（　　）（多选）

A. 张某有当事人能力，他一定有诉讼行为能力；黄某有诉讼行为能力，他一定有诉讼权利能力

B. 王某具备当事人能力，他当然属于正当当事人

C. 李某是适格当事人，他一定有诉讼行为能力

D. 赵某年满18岁，他一定有诉讼行为能力；赵某的弟弟年龄在18岁以下，他一定没有诉讼行为能力

知识总结

当事人能力、诉讼行为能力、当事人适格

1. 要成为当事人，必须具备当事人诉讼权利能力。我国具备当事人诉讼权利能力的主体包括公民、法人、其他组织。当事人诉讼权利能力也叫当事人能力。
2. 具备当事人能力不一定具备诉讼行为能力；作为当事人，不要求必须具备诉讼行为能力。
3. 当事人是否适格需在具体案件中判断，当事人能力则是由立法统一抽象规定。
4. 当事人适格也叫正当当事人。具备当事人能力的人不一定是适格当事人。
5. 适格当事人不一定具备诉讼行为能力。
6. 要成为原告，一般需当事人适格；被告则不一定适格，只需要明确。
7. 不是适格当事人的主体也能作为原告起诉，如财产代管人、死者的近亲属等。

聚焦考点10　原告与被告　　难|度|系|数|★★★

2012年7月5日，家住A区的小学生甲（男，8岁）与青梅竹马的表妹丙（6岁）一起在B区一男同学乙（10岁）家玩耍时，因乙拉了丙的手，甲便将乙拉丙的手用大砍刀砍掉，乙的父母因此花去医疗费30 000元。2015年9月23日，乙的父亲向法院提起诉

讼，要求甲赔偿全部的医疗费。

根据案情，请回答第12、13题。

12. 关于本案诉讼参与人，下列说法正确的是：（　　）（单选）

A. 乙的父亲是本案的原告　　B. 甲是本案唯一被告

C. 丙是无独立请求权的第三人　　D. 丙是证人

13. 关于本案原告方参与诉讼的方式，下列表述不正确的有：（　　）（多选）

A. 因乙为限制诉讼行为能力人，所以由乙的父亲担任法定代理人参与诉讼

B. 可以由乙委托一名律师参与诉讼

C. 若原告以大砍刀为被告提起诉讼，属于当事人不适格，法院不应受理

D. 若本案被告逃之夭夭，不知所踪，属于被告不明确

聚焦考点11 当事人地位确定的具体规则　　难度系数★★★★

14. 个体工商户孙某开设了一家汽车维修店，字号为"矮乙修车行"。孙某雇用王某作为汽车修理工。赵某和钱某合伙开办了一家汽车修理配件销售店"扁丙汽配城"，并依法登记。李某来汽修中心修理汽车时，被王某使用的电焊枪烧伤。后来孙某查明，电焊枪购自扁丙汽配城，之所以烫伤人是因为电焊枪质量不合格。关于本案诉讼参与人地位的判断，下列选项正确的是：（　　）（单选）

A. 若李某以人身侵权为由起诉，则王某应为被告

B. 若李某以人身侵权为由起诉，则孙某应为被告

C. 若李某以人身侵权为由起诉，则矮乙修车行应为被告

D. 若孙某以电焊枪质量不合格，导致违约为由起诉，则扁丙汽配城为被告

知识总结

[口诀] 个体户看字号，合伙看执照，法人看注销。

1. 个体工商户

(1) 有字号的，字号做当事人。

(2) 无字号的，经营者做当事人；登记的业主和实际业主不一致的，二者为共同诉讼人。

2. 合伙

(1) 有营业执照，是合伙企业，企业做当事人；

(2) 无营业执照，是个人合伙，全体合伙人做当事人。

3. 劳务派遣中造成他人损害

(1) 可以告派遣单位，也可以告用工单位；

(2) 还可以将派遣单位和用工单位作为共同被告。

4. 法人

（1）法人未注销，法人做当事人；

（2）未经清算就注销，老板（股东、发起人、设立人）做当事人。

聚焦考点12 必要共同诉讼与普通共同诉讼

难|度|系|数|★★★★★

15. 某杂志社对革命英雄孙某的事迹进行了不实报道，对革命英雄的名誉造成了不良影响，孙某的两个儿子孙东、孙勇向法院提起了诉讼。关于本案，下列说法正确的有：（　　）（多选）

A. 原告不是本案争议诉讼标的的主体，不能作为原告起诉

B. 若原告提出诉讼请求，要求被告赔偿其精神损失，本案可以合并审理，也可以分别审理

C. 若原告提出诉讼请求，要求为革命英雄恢复名誉，本案可以分别判决

D. 若原告提出诉讼请求，要求为革命英雄恢复名誉，属于诉的主体合并

知识总结

必要共同诉讼与普通共同诉讼的识别

	必要共同诉讼	普通共同诉讼
共同点	一方当事人达到2人以上	
标的数量	唯　一	多个，但属于同一类（彼此牵连）

聚焦考点13 必要共同诉讼原告和有独三

难|度|系|数|★★★★

16. 高福诉弟弟高禄要求分割父亲留下的遗产，这些遗产现在为高禄占有。在诉讼过程中，法院发现高氏兄弟还有一个弟弟高寿，就打算依职权追加高寿参加诉讼。高寿得到消息后，迅速回来，并主张父亲去世前留下遗嘱，将所有的财产留给了自己，自己才是遗产的唯一继承人，要求参加诉讼。关于本案，下列说法错误的有：（　　）（多选）

A. 法院不应依职权追加高寿参加诉讼

B. 高寿回来后，可以申请参加该遗产纠纷的诉讼

C. 若高寿参加诉讼后，高福撤诉，本案中的诉都终结

D. 若高寿没有参加诉讼，二审中发现此情况，可以调解；调解不成的，发回重审

知识总结

必要共同诉讼原告与有独立请求权第三人的识别

	必要共同诉讼原告	有独立请求权第三人
标的数量	唯　　一	两个，本诉和参加之诉
利益关系	有共同利益	与本诉当事人均对立

聚焦考点14 必要共同诉讼被告和无独三

难|度|系|数|★★★

17. 向某新购置了位于八宝山旁边的精装烟景房。搬进去半年后，因房间家具含有大量甲醛，导致向某精神错乱，在马桶里喝了半年水。向某遂起诉索赔。诉讼中，开发商辩称，自己使用的“赛砒霜”牌墙漆是甲醛的主要来源，家具并不是甲醛的主要来源。因此，开发商申请追加“赛砒霜”牌墙漆的供应商参加诉讼。关于本案，下列说法正确的有：（　　）（多选）

A. 若向某以违约为由起诉，法院同意追加供应商参加诉讼，则在诉讼中，供应商不能提出管辖权异议

B. 若向某以违约为由起诉，则供应商在本案中属于独立的当事人

C. 若向某以违约为由起诉，法院没有判决供应商承担责任，则供应商无权作为上诉人和被上诉人

D. 若向某以侵权为由起诉，则开发商和供应商应作为普通共同诉讼的共同被告

知识总结

必要共同诉讼被告与无独立请求权第三人的识别

	必要共同诉讼被告	无独立请求权第三人
法律关系	可以纳入同一个法律关系中	无法纳入原告与被告争议的法律关系中
承担责任	被告均应承担责任	与被告择一承担责任

18. 关于民事诉讼法中可以合并审理的诉，下列哪一选项是正确的？（　　）（单选）

A. 甲诉乙要求确认一辆自行车归甲所有。丙主张自行车是自己的财产，要求参加诉讼。丙也属于本诉的当事人

B. 甲将乙和丙打伤，乙和丙起诉甲。法院可以分别审理，最终作出一个判决，判决中明确乙和丙的获赔份额

C. 甲诉乙将自己打伤，应赔偿自己医疗费；同时，乙诉甲要求返还自己借款5万元。法

院一般不可以将两个诉讼合并审理

D. 甲诉乙侵权纠纷一案，乙提出反诉后，甲自觉理亏而撤回了本诉。法院应当将反诉终结审理

聚焦考点15 诉讼代表人

难|度|系|数|★★★

19. 王某等400多人起诉A企业，具体人数没有确定。法院受理前，该企业已经进入破产清算阶段。经查，双方的纠纷源于该企业法定代表人孙某的过错。法院指定王某作为诉讼代表人。最终法院判决孙某的过错不成立，不承担赔偿责任。关于本案中的当事人，下列说法正确的有：（　　）（多选）

A. 若法院追加孙某参加诉讼，孙某无权放弃变更诉讼请求

B. 法院指定王某作为诉讼代表人后，不服指定的人可以另行起诉

C. 诉讼代表人王某和法定代表人孙某都无权以自己的名义上诉，但孙某可以以公司的名义提起上诉

D. 因另行起诉的人要受到代表人诉讼裁判的约束，若其认为代表人诉讼的裁判有错误，可以通过第三人撤销之诉请求撤销该裁判

聚焦考点16 当事人更换

难|度|系|数|★★★

20. 关于民事诉讼中的当事人更换，下列说法正确的是：（　　）（单选）

A. 周某和郑某债权债务纠纷一案终审后，周某将债权转让给了黄某。黄某作为当事人，可以以原审认定事实错误为由申请再审

B. 张某和杨某因合同纠纷诉至法院，诉讼过程中，张某将合同债权转让给了吕某。法院可以将吕某追加为有独三参加诉讼

C. 甲企业和乙企业债务纠纷终审后，甲企业和丙企业合并成为丁企业。债权人乙企业可以执行丁企业的财产

D. 合同诉讼中，被告焦某死亡，焦某的三个儿子只有小儿子愿意继承遗产。此时应决定诉讼中止，只将小儿子更换为被告

知识总结

当事人追加与更换

1. 法院应当依职权追加的当事人

（1）固有必要共同诉讼原告：如继承人、财产被侵害的共有人等；

（2）固有必要共同诉讼被告：如赡养义务人、未成年人侵权的监护人等。

2. 法院可以依职权追加的当事人：无独三。

3. 法院不能依职权追加的当事人：普通共同诉讼的原被告、有独三。

4. 追加的程序：一审中可以直接追加；二审不能直接追加，应调解，调解不成，发回重审。

5. 当事人更换

（1）必须更换的情况：当事人死亡、终止、分立、合并。

（2）其他情况：当事人不需更换。

（3）更换当事人，诉讼中止；无人可换，诉讼终结。

聚焦考点17 代理人

难|度|系|数|★★★

21. 关于代理人，下列说法不正确的有：（　　）（多选）

A. 受过刑事处罚的肖某若获得王某所在社区、单位以及有关社会团体的推荐，可以作为委托代理人

B. 常某给郭某写了“全权委托”的授权书，则郭某可以代替常某撤诉

C. 顾某的委托代理人在诉讼中承认顾某打伤了蒋某，蒋某据此要求顾某赔偿，但顾某向法院主张该委托代理人为一般授权，无权代为承认此事实，法院认定该承认的事实不成立

D. 宁某的法定代理人具有和宁某相同的诉讼权利和诉讼地位

知识总结

	法定代理人	委托代理人
代理实质	以有代无	以有代有
代理权	与当事人相同	特别授权：诉讼代理人代为承认、放弃、变更诉讼请求，进行和解，提起反诉或上诉，必须有特别授权（**口诀**：承和反上）
		一般授权：“全权代理”属于一般授权

第5讲　管　辖

聚焦考点18 地域管辖综合考查

难|度|系|数|★★★

22. 位于A地的天星公司委托位于B地的盛大公司加工一批红茶，双方当事人在C地签订了合同。为了保证红茶的质量，双方约定由盛大公司在加工条件良好的D地加工，同时约定若将来发生纠纷，由E地或者N地法院管辖。但是盛大公司在实际加工的时候为了节省成本，在条件较差的F地进行了加工。天星公司认为盛大公司的违约行为令其利益受到了损害，遂向法院提起了诉讼。对此案件有管辖权的法院有：（　　）（多选）

A. B地法院　　**B.** F地法院

C. D地法院　　**D.** E地法院

知识总结

地域管辖解题思路

先考虑专属管辖——→接着考虑协议管辖——→再考虑特殊地域管辖——→最后考虑一般地域管辖。

聚焦考点19 一般地域管辖

难|度|系|数|★★★

23. 关于一般地域管辖的特殊情况，下列说法错误的有：（　　）（多选）

A. 吕某起诉谢某，要求谢某返还不当得利5万元，起诉时谢某已经下落不明。本案应由原告住所地法院管辖

B. 栾某住在A市，他的两个儿子住在B市，栾某起诉两个儿子追索赡养费。原告住所地法院可以管辖本案

C. 肖某起诉叶某，要求叶某给付房租，起诉时叶某已经被监禁。本案应由原告住所地法院管辖

D. 夫妻二人离开户籍所在地A市，前往B市打工，在B市打工2年后丈夫郭某起诉妻子胡某要求离婚。原告住所地A市法院可以管辖本案

知识总结

[口诀]

强监黑户找不到，此时被告就原告。

被告异地抚扶赡，离家一年离婚案，原被告地皆可管。

聚焦考点20 协议管辖

24. 关于协议管辖的约定，下列情形中无效的有：（　　）（多选）　　难|度|系|数|★★

A. 离婚诉讼中，双方当事人约定了案件的管辖法院

B. 案件被发回重审后，合同案件的双方当事人约定了重审案件的管辖法院

C. 不当得利纠纷中，当事人口头约定了案件的管辖法院

D. 股东资格确认纠纷中，当事人协议约定了将来发生纠纷由高级人民法院管辖

知识总结

1. 约定将来合同在哪里履行或交货，属于约定履行地；约定合同纠纷将来由哪里的法院管辖或者合同纠纷应向哪里的法院起诉，才属于协议管辖。
2. 协议管辖记忆要点

一审能协议，二审不可行；

书面为有效，口头不成功；

格式条款来约定，合理提醒要标明；

人身案件不可用，适用财产纠纷中；

五个地域从中选，级别不可改法定；

违反专属即无效，选择两个也能成。

25. 关于法律文书，下列说法正确的有：（　　）（多选）　　难|度|系|数|★★★

A. 居住在西虹市东平县的孙二狗因购买李大美位于前列县的祖传老宅与李大美发生纠纷，双方当事人可以书面约定本案由西虹市中级人民法院管辖

B. 二审判决和仲裁裁决书一样，作出即生效

C. 甲、乙二人因5000万元借款合同发生纠纷，起诉后，达成调解协议。调解协议生效后，当事人可以依据调解协议申请法院强制执行

D. 甲、乙二人解除收养关系一案，若当事人在二审中达成和解协议，撤回上诉，则一审判决产生强制执行力

聚焦考点21 级别管辖

难|度|系|数|★★★

26. 英国人杰克和美国人约翰在中国北京市进行民事诉讼。关于该诉讼的管辖，下列说法正确的有：（　　）（多选）

A. 北京市海淀区法院可以管辖本案

B. 法院受理案件后，杰克增加诉讼标的额，超出该法院管辖范围的，该法院应将案件移送给上级法院

C. 北京高院认为本案应由其审理，可以提审本案，此时，应由下级法院移送管辖

D. 若案件属于专利权纠纷，最高院指定的基层法院可以审理本案

聚焦考点22 裁定管辖综合考查

难|度|系|数|★★

27. 关于管辖，下列说法符合法律规定的有：（　　）（多选）

A. 移送管辖只能在上下级法院间进行

B. 管辖权转移只能在上下级法院间进行

C. 管辖权异议不能针对级别管辖

D. 协议管辖不能改变级别管辖

知识总结

移送管辖和管辖权转移

	移送管辖	管辖权转移
移送实质	从无到有	从有到无
适用对象	级别、地域	级　别
移送条件	直接移送	需要上级同意、决定或报自己上级批准

聚焦考点23 管辖权异议和移送管辖

难|度|系|数|★★★★★

28. 2012年2月，杨某因租赁孙某位于甲县的房屋而与孙某发生争议，遂向孙某住所地的乙县法院起诉。乙县法院受理案件后，在2月12日向孙某送达了起诉状副本。孙某在2月18日应诉答辩，且未提出管辖权异议。后孙某在3月1日提出管辖权异议，法院予以驳回。后来，乙县法院依职权将案件移送至甲县法院。甲县法院认为自己没有管辖权，将案件移送至丙县法院。丙县法院认为自己审理能力不足，将案件报请自己的上级法院审理。下列说法错误的有：（　　）（多选）

A. 乙县法院的移送管辖是错误的
B. 甲县法院的移送管辖是错误的
C. 乙县法院驳回孙某管辖权异议的做法是错误的
D. 丙县法院的上级法院若审理该案件，属于管辖权转移

知识总结

移送管辖与管辖权恒定、应诉管辖、管辖权异议、指定管辖的关系

1. 受案法院将案件移送到受移送法院，受移送法院认为自己没有管辖权的，不得自行移送，应报自己上级法院指定管辖。
2. 若法院受理案件时有管辖权，在适用管辖权恒定原则的情况下，该法院不得移送管辖。
3. 若构成应诉管辖，法院不得移送管辖。
4. 若当事人提出的管辖权异议成立，法院必须移送管辖。
5. 受案法院将案件移送到受移送法院，受移送法院认为自己没有管辖权，与受案法院发生管辖权争议的，应协商；协商不成的，报二者共同上级法院指定管辖。

聚焦考点24 专属管辖和指定管辖

难度系数 ★★★

29. 甲区基层法院因建造办公大楼，与所在区的东方建筑公司签订了施工合同。工程竣工后，双方就工程款的结算产生了纠纷，在协商无果的情况下，东方建筑公司就该纠纷向甲区基层法院提起了民事诉讼，要求甲区基层法院支付尚未支付的工程款。鉴于本案的特殊情况，下列选项正确的有：(   )（多选）

A. 本案为合同纠纷，应适用特殊地域管辖的规定
B. 本案情况特殊，应由上级法院指定管辖
C. 本案情况特殊，应适用移送管辖制度
D. 本案涉及不动产，应适用专属管辖的规定

第6讲 证　　据

聚焦考点25 自　认

难|度|系|数|★★★

30. 关于自认，下列说法不符合法律规定的有：（　　）（多选）

A. 王某诉李某，要求李某返还借款400元，李某同意返还借款400元构成自认

B. 张某要求法院认定自己与小张之间存在父子关系，小张自认后，免除了张某对此事实的举证责任

C. 在甲诉邻居的宠物侵权的诉讼中，甲主张：当时我只是想逗逗小狗，才用剪子去剪它的尾巴，没想到它回头就把我咬了。甲主动陈述的事实构成自认

D. 未经过特别授权的代理人可以代替当事人自认，但是其对会导致直接承认对方诉讼请求的事实不可以自认

知识总结

1. 自认针对的是事实而非请求。
2. 自认会免除对方当事人提出证据的责任。
3. 默示自认成立的前提是审判人员充分说明并询问。
4. 书面自认只能发生在起诉状、答辩状和代理词中。
5. 下列五种情况不允许自认：

（1）调解、和解中不得自认；

（2）涉及身份关系不得自认；

（3）涉及国家、社会利益不得自认；

（4）和法院查明事实不符不得自认；

（5）程序性事实不得自认。

聚焦考点26 证明责任的分配

难|度|系|数|★★★★

31. 关于证明责任的分配，下列不符合法律规定的有：（　　）（多选）

A. 王某向法院提交了李某故意伤害王某刑事案件的判决书，王某即不需要再就侵权诉讼

中侵权的损害结果承担证明责任

B. 在饲养动物致人损害中，应由原告证明被告存在过错

C. 向某到医院植发，引发并发症瘫痪。后查明医院严重违反诊疗规范。因为医疗技术侵权为过错责任，所以由向某证明医院有过错

D. 某仲裁裁决中认定甲公司生产的电饭煲有质量缺陷。白某购买了甲公司生产的电饭煲，1 年后，该电饭煲爆炸，被炸伤的白某起诉甲公司并将该仲裁裁决书交给法院。甲公司应提出反证证明电饭煲质量合格，以推翻该仲裁裁决书中认定的事实

知识总结

<table>
<tr><td rowspan="2">一般
分配规则</td><td colspan="2">主张事实成立</td><td>负证明责任</td></tr>
<tr><td colspan="2">主张事实不成立</td><td>不负证明责任</td></tr>
<tr><td rowspan="4">特殊
分配规则</td><td rowspan="2">过错推定侵权</td><td>原告主张过错成立</td><td>原告不负证明责任</td></tr>
<tr><td>被告主张过错不成立</td><td>被告负证明责任</td></tr>
<tr><td rowspan="2">因果关系推定侵权
（共同危险、环境污染）</td><td>原告主张因果关系成立</td><td>原告不负证明责任</td></tr>
<tr><td>被告主张因果关系不成立</td><td>被告负证明责任</td></tr>
</table>

聚焦考点 27 证明力规则

难｜度｜系｜数｜★★★★

32. 下列选项中，可以作为证据但不可以单独作为认定案件事实的依据的是：（　　）（单选）

A. 中学生晓明作出的与其年龄、智力水平相当的证言

B. 无正当理由拒不出庭的鉴定人王某作出的鉴定意见

C. 原告戴某在对方不知情的情况下偷录双方谈话的录音带，录音带声音模糊

D. 未签署保证书的精神病院王医生的证言

知识总结

证明力规则

1. 不得作为证据使用（需要排除）的情形包括：

（1）无正当理由未出庭的证人提供的证言；

（2）拒不签署保证书的证人提供的证言；

（3）非法证据（取证手段严重侵害他人合法权益、违反法律禁止性规定或严重违背公序良俗原则）；

（4）拒不出庭的鉴定人出具的鉴定意见。

2. 不得单独作为认定案件事实依据的证据（证明力较低）包括：

（1）和当事人有利害关系的证人提供的证言；

（2）未成年人作出的与其年龄、智力不相适应的证言；

（3）有疑点的视听资料、电子数据；

（4）无法和原件、原物核对的复印件、复制品。

3. 推定为真实的证据（证明力大，但不具备绝对的证明力）包括：

（1）公文书证；

（2）经区块链存储的电子数据。

聚焦考点28 证据分类

难|度|系|数|★★★★

33. 在一起借贷纠纷中，原告张某交出一张有被告署名的借条复印件，声称被告李某欠他500元未还。被告李某承认其向张某借过500元，但被告李某同时向法院提供了一张有原告张某署名的收条，称所借的500元已经还了，原告手中之所以还有借条，是因为被告还钱时，原告声称借条丢了，因而原告向被告开了张收条。原告则主张该收条是伪造的。关于本案，根据民事诉讼证据理论，以下哪些说法是不正确的？（　　）（多选）

A. 对于是否存在借贷关系，原告张某必须提供证据证明

B. 原告张某提供的借条复印件与被告李某提供的收条都是本证

C. 原告张某提供的借条复印件是间接证据

D. 若法院查明收条并非伪造，可以对原告张某进行罚款

知识总结

1. 传来证据也有可能是直接证据。

2. 原告也可能提出反证，被告也可能提出本证。

3. 复印件也可能是原始证据。

4. 仅有一个直接证据，可以单独据以定案；仅有一个间接证据，不可以单独据以定案。

5. 是直接证据还是间接证据，要根据待证事实判断。

聚焦考点29 证据种类

难|度|系|数|★★★

34. 关于证据的种类，下列哪些说法是不正确的？（　　）（多选）

A. 患者王某以误诊为由起诉某医院，并提交了当时医生做出的X光片。该X光片属于鉴定意见

B. 李某在网上发表了一篇披露黄某隐私的文章。黄某在网上找到了该文章，拍下照片刻成光盘交给了法官。该照片属于书证

C. 张某目睹了暴力案件的经过，但张某因被吓瘫痪无法出庭。张某对案件情况提交的书面陈述以其内容证明案件事实，属于书证

D. 周某驾车回家途中将行人吴某撞伤，交警冯某当时正处在事故现场，于是按照双方责任开具了事故认定书。吴某诉至法院要求周某赔偿，并提供了事故认定书。该事故认定书属于勘验笔录

知识总结

证据种类问题解题思路

先考虑鉴定意见、勘验笔录（二者制作主体特殊）⟶接着考虑证人证言、当事人陈述（二者内容特殊）⟶再考虑电子数据、视听资料（二者形式、载体特殊）⟶最后考虑书证、物证。

35. **关于电子数据证据形式和电子化材料，下列说法正确的有：（　　）（多选）**

A. 对区块链存证的证据的真实性提出异议的当事人，应对该证据的真实性承担证明责任

B. 在线诉讼中，形成过程已经过公证机构公证的电子化材料具备和原件一样的证明力

C. 在线诉讼中，当事人可以在不同时空对电子化证据进行质证

D. 偷拍、偷录的电子数据证据不得单独作为认定案件事实的依据

36. **某酒店通知保安某甲，因双方劳动合同期满，不再续聘。某甲认为，劳动合同尚未到期，且该酒店欠付自己3个月工资。某甲主张并能证明劳动合同书原件由该酒店保管。现某甲将该酒店诉至法院，要求该酒店支付其3个月工资及对应数额的补偿金。**

（1）**法院受理案件后，关于本案的证据，下列说法不正确的有：（　　）（多选）**

A. 某甲可以只提交手中的劳动合同复印件，复印件的证明力当然比原件低

B. 某甲可以申请法院责令该酒店提交劳动合同原件，该酒店拒不提供的，法院可以推定劳动合同关系存续

C. 该酒店向法庭提交劳动合同原件后，某甲主张该合同系该酒店伪造的，应由某甲申请鉴定证明签字并非自己手写

D. 若当事人申请鉴定后，一方当事人对鉴定意见有异议，鉴定人必须出庭进行补充、解释或说明

（2）关于本案的审判和执行程序，下列说法正确的有：（　　）（多选）

A. 某甲可以申请法院先予执行，法院可以责令某甲提供担保

B. 若二审法院发现一审法院只对工资进行判决，未对补偿金进行判决，可以调解；调解不成，应发回重审

C. 若经法定程序后，某甲胜诉，法院执行时，当事人申请再审，法院可以裁定不中止执行

D. 某甲可以申请法院对该酒店发出支付令

第7讲 诉讼保障措施

聚焦考点30 保 全

难|度|系|数|★★★

37. 王某每天将垃圾丢在邻居孙某的门口。孙某打算起诉王某，要求其不得再向自己家门口丢垃圾。为了防止自己受到进一步损害，起诉前，孙某申请法院进行保全，要求王某不得再向自己家门口丢垃圾。下列哪一说法是正确的？（　　）（单选）

A. 孙某可以向财产所在地、被申请人住所地、有管辖权的法院申请保全

B. 该保全不需要在48小时内作出裁定

C. 法院可以责令孙某提供担保；孙某不提供担保的，法院应当依法驳回其保全申请

D. 法院不能依职权裁定对王某进行保全

知识总结

	诉前保全（情况紧急）	诉讼中保全	执行前保全
阶　段	诉前或仲裁前	诉讼过程中	胜诉后、执行前（履行期之内）
对　象	证据、财产、行为		财　产
启　动	依申请	可以依申请，可以依职权	依申请
担　保	应当提供担保（证据保全，可能造成损失的，才需要担保）	可以责令申请人提供担保	暂无规定
管　辖	财产（证据）所在地、被申请人住所地、有管辖权的法院	受诉法院	执行法院（都有两个）
裁　定	48小时内	情况紧急的，48小时内	暂无规定

聚焦考点31 行为保全

难|度|系|数|★★★

38. 笔名为“西方失败”的网络作家杨某居住于广州市番禺区。笔名为“哆啦B梦”的

向某认为杨某发表在某网站的网络小说抄袭了自己的自传作品《向矮乙的淡黄色长裙》，且存在在作品中恶意歪曲事实、丑化自己形象的行为，遂将其诉至法院，要求杨某赔偿自己的损失5000元。法院受理后，发现本案案情简单。关于本案，下列说法不正确的有：（　　）（多选）

A. 番禺区法院对本案有管辖权

B. 若在法院询问当事人是否可以线上审理时，杨某单方不同意在线审理，则法院应对杨某进行线下审理

C. 对本案的判决结果，杨某不服的，可以向广州中院提起上诉

D. 因本案涉案金额较小，法院可以适用小额程序审理

聚焦考点32 先予执行

难|度|系|数|★★★★

39. 关于先予执行，下列选项正确的是：（　　）（单选）

A. 赡养费诉讼中，主审法官发现原告王大爷生活困难，主动作出先予执行的裁定

B. 甲公司盗版乙公司的软件，每天都大量销售。乙公司起诉前申请先予执行，禁止甲公司继续销售

C. 追讨抚恤金案件中，法院责令申请人庞某提供担保。庞某不提供担保，法院驳回了其先予执行的申请

D. 被告认为先予执行医疗费的裁定错误，向法院申请再审。法院裁定再审后，没有同时中止执行

知识总结

1. 先予执行口诀

四费一金，欠劳动费用；

诉讼当中，依申请启动；

可以担保，有执行可能。

2. 启动和担保的规律

（1）若法院知情（受理后，觉得有保全的必要），则可以依职权；若法院不知情（受理前，法院不知道有保全的必要，或者当事人生活、生产有紧迫需要但法院不知道），则只能依申请。所以，诉前、执行前保全和先予执行依申请，诉中保全可以依职权。

（2）若法院知情了，风险就降低；若法院都不了解，风险就很高。风险高就必须提供担保，风险低就可以提供担保。所以，诉前保全必须提供担保，先予执行和诉中保全是可以提供担保。

聚焦考点33 送 达

难|度|系|数|★★

40. 在民事诉讼中，可以适用留置送达的法律文书包括哪些？（　　）（多选）

A. 人民法院的判决书

B. 对下落不明的人送达的裁定书

C. 人民法院的调解书

D. 支付令

知识总结

1. 法院去送

（1）对方收下：直接送达（包括送给三代一家属：三代——代理人、代收人、代表人；一家属——同住成年家属）。

（2）对方不收：留置送达（包括邀请见证、拍照录像两种方式）。

2. 告知领取：到场不签，视为送达。

3. 支付令不能公告送达；简易程序不能公告送达；调解书不能留置送达。

第8讲 诉讼调解与和解

聚焦考点34 和解与调解协议

难度系数 ★★★★★

41. 丁某在和郑某接吻时，将郑某嘴唇咬伤。二人请求调解。在派大星人民调解委员会的调解之下，二人达成调解协议，约定由丁某向郑某赔偿人民币5000元。丁某拒不履行该协议，郑某无奈向法院起诉丁某侵害自己的人身权。在诉讼中，丁某和郑某再次达成和解协议，约定丁某向郑某赔偿人民币6000元，并申请法院制作了调解书。后来，丁某拒绝履行调解书，郑某向法院申请执行调解书。执行程序中，丁某和郑某又一次达成和解协议，约定丁某向郑某赔偿人民币7000元。法院依据当事人的申请，根据和解协议制作了调解书。关于本案，下列选项不正确的有：（　　）（多选）

A. 丁某不履行派大星人民调解委员会的调解协议，郑某向法院起诉丁某侵害自己的人身权

B. 当事人在诉讼中达成的和解协议没有强制执行力

C. 当事人在诉讼中达成的和解协议没有合同效力

D. 执行程序中的和解协议达成后，法院依申请根据和解协议制作了调解书

知识总结

	诉讼和解协议	诉讼调解协议	人民调解协议	执行和解协议
存在阶段	诉讼程序中		人民调解程序中	执行程序中
以此结案	不可以	可以		可以（履行完毕后结案）
强制执行力	不具备	一般不具备（但具有给付性内容且不制作调解书时具备）	不具备（但经法院确认后，其内容可以执行，执行的是确认人民调解协议的裁定）	不具备
合同效力	不具备		具备	

续表

	诉讼和解协议	诉讼调解协议	人民调解协议	执行和解协议
制作调解书	可　以		不可以	
法律后果	（1）选择撤诉的，可就原纠纷重新起诉 （2）制作调解书的，以调解书结案	（1）应依据调解协议制作调解书 （2）不需要制作调解书的，可以以调解协议结案	（1）不履行人民调解协议的，可以起诉债务人承担违约责任或者要求继续履行 （2）经法院确认的，可以强制执行	债务人拒绝履行执行和解协议的，可以申请执行原执行根据，也可以就和解协议起诉

聚焦考点35 调解适用范围

难|度|系|数|★

42. 下列哪些民事案件或程序不可以进行调解？（　　）（多选）

A. 适用公示催告程序的案件　　B. 请求确认婚姻无效的案件

C. 仲裁程序　　D. 执行程序

聚焦考点36 调解与和解的程序规则

难|度|系|数|★★★

43. 甲向乙借款20万元，后未能按期还本付息，乙诉甲还款。在诉讼中，双方达成调解协议，由甲还款并赞美乙1个小时，并由丙为该调解协议的履行提供担保。但在法院送达调解书时，丙拒不签收。下列哪些选项是不正确的？（　　）（多选）

A. 该调解协议超出诉讼请求，无效

B. 丙拒不签收调解书，调解无效

C. 甲拒不还款，乙可以起诉担保人丙，要求丙承担连带责任

D. 因本案涉及调解解决纠纷，所以，原则上法院不得开庭审理

第9讲 一审普通程序

聚焦考点37 起诉与受理

难|度|系|数|★★★★

44. 根据我国《民事诉讼法》及相关司法解释的规定，下列哪些起诉，法院不应受理？(　　)（多选）

A. 赵某与陈某结婚后，自2004年起，陈某经常连续数日不回家。赵某向法院起诉离婚，并要求陈某支付寂寞孤单损失费

B. 霸道总裁甲一直想为自己心爱的小甜心承包由村民乙承包的鱼塘，于是向法院起诉请求解除村民乙与本村之间的鱼塘承包合同

C. 洪某起诉鲁某解除合同并胜诉。随后，鲁某起诉洪某，要求确认二者之间的合同无效，并要求洪某赔偿损失

D. 李某以感情不和为由诉至区法院，要求与王某离婚，2005年1月，区法院判决不准离婚。2005年5月，王某以同一理由向法院起诉，要求与李某离婚

知识总结

<table>
<tr><td rowspan="10">[第一步]
审查是否符合起诉条件</td><td rowspan="5">原告是否适格</td><td colspan="2">原告是否是法律关系的主体</td></tr>
<tr><td rowspan="4">原告若不是法律关系的主体，是否属于法定的诉讼担当</td><td>遗产管理人、遗嘱执行人</td></tr>
<tr><td>死者的近亲属</td></tr>
<tr><td>失踪人的财产代管人</td></tr>
<tr><td>公益诉讼原告</td></tr>
<tr><td colspan="3">被告是否明确</td></tr>
<tr><td colspan="3">请求和事实理由是否具体</td></tr>
<tr><td rowspan="3">主管和管辖是否正确</td><td colspan="2">有仲裁协议的，不受理</td></tr>
<tr><td colspan="2">劳动纠纷未经劳动仲裁前置程序的，不受理</td></tr>
<tr><td colspan="2">女方怀孕期间、分娩后1年内或终止妊娠后6个月内，男方起诉离婚的，不受理</td></tr>
</table>

续表

[第二步]审查是否有诉的利益	起诉的必要性和时效性	单独起诉一人公司的股东，要求股东对公司债务承担连带责任	无诉的利益
		股东会起诉请求确认公司决议有效	无诉的利益
		夫妻起诉请求婚内赔偿	无诉的利益
		起诉请求确认不侵犯知识产权	有诉的利益
[第三步]审查是否属于重复起诉	（1）当事人相同（2）标的相同（3）请求相同或相斥	先诉本金，再诉利息	不属于重复起诉
		先诉医疗费，再诉精神损害赔偿	不属于重复起诉
		先诉债权的一部分，再诉债权的另一部分	属于重复起诉
		先诉侵权，再诉违约	属于重复起诉
		裁判生效后，又发生新的事实	不属于重复起诉
		离婚失败，原告有新情况、新理由再起诉	不属于重复起诉

45. 张某起诉黄某，主张黄某在自己单位将自己打伤，致使自己骨折。法院根据其请求，判决黄某承担医疗费5000元。黄某给付医疗费后，张某再次将黄某诉至法院，主张最近发现去年黄某在自己单位殴打自己那次导致的骨折留下的一块骨骼碎片未能取出，要求法院判决黄某承担进一步手术的相关费用。同时，张某也将医院另诉至法院，要求医院承担未能取出所有骨骼碎片的医疗事故责任。法院受理两起案件后，医院方派出其骨科的主任医师吕医生出庭处理医疗事故纠纷。吕医生在法庭上陈述，该骨骼碎片已经留存于张某体内至少10年以上。法院对此事实予以认定。关于本案，下列说法正确的是：（　　）（单选）

A. 吕医生的陈述是专家辅助人意见，性质上视为当事人陈述

B. 法院应决定将张某和黄某的诉讼中止

C. 法院应判决驳回张某对黄某的诉讼请求

D. 法院应裁定驳回张某对黄某的起诉

46. 甲将乙诉至乙住所地A地的法院，主张乙因买卖合同欠付自己价款12万元。同时，甲查明，住所地在A地的丙欠付乙7万元货款未还，且已届清偿期。针对本案的事实，下列对当事人诉讼行为和程序进行的描述，正确的有：（　　）（多选）

A. 甲在起诉乙后，将丙诉至同一法院的，法院不应受理，因甲已经针对同一债权起诉，

再起诉丙构成重复起诉

B. 甲在起诉乙后，将丙诉至同一法院的，法院对于两案可以合并审理

C. 甲在起诉乙后，将丙诉至同一法院的，若丙的实际居住地为B地，则A地法院可以告知甲另诉，两案分别平行审理

D. 在甲起诉丙后，乙也可以向同一法院起诉丙，法院可以将甲诉丙及乙诉丙的案件合并审理

聚焦考点38 答辩期和举证期

难|度|系|数|★★★

47. 关于答辩期和举证期，下列说法正确的是：（　　）（单选）

A. 当事人超过举证期举证，没有客观原因的，法院应对该证据不再组织质证

B. 在答辩期内，被告没有提出管辖权异议的，就视为该法院有管辖权

C. 当事人在举证期限届满后，有客观情况需要延长举证期的，可以向法院申请延长，由法院裁定是否延长

D. 答辩期届满后，举证期才能开始计算

聚焦考点39 普通程序开庭审理

48. 东湖市某养殖场以虹鳟鱼来假冒三文鱼出售，致使大量消费者感染寄生虫。某公益组织依法提起诉讼。关于本案，下列说法正确的是：（　　）（单选）　难|度|系|数|★★★★

A. 双方当事人为节省诉讼时间，在首次开庭前约定适用简易程序的，可以适用简易程序审理本案

B. 若本案组成合议庭审理，可以由审判员和陪审员组成合议庭，且必须开庭审理

C. 东湖市消费者权益保护协会起诉的，检察院可以支持其起诉

D. 本案法院有权主动调查取证

49. 关于人民法院在线诉讼程序规则，下列说法不正确的是：（　　）（单选）

难|度|系|数|★★★

A. 涉及未成年人的在线诉讼案件，可以不公开审理

B. 当事人已同意对相应诉讼环节适用在线诉讼，但诉讼过程中又反悔的，法院可以准许

C. 在线诉讼中，可以采用电子形式确认和签收调解协议

D. 一方当事人同意适用在线诉讼，另一方当事人以不具备技术条件为由拒绝适用在线诉讼的，法院不得采用在线形式审理案件

聚焦考点40 质 证

难度系数★★★

50. 以下证据，不需要在庭审中质证的是：（　　）（单选）

A. 法院调取的电话通讯记录

B. 在当事人甲、乙的合同诉讼中，在证据交换过程中经双方认可并记录在卷、审判人员在庭审中说明的证据

C. 甲、乙钢铁买卖合同中，涉及国家秘密的证据

D. 被告孙某向法院提交的生效的判决书

聚焦考点41 诉讼阻碍

51. 向某在逛动物园时因强奸行为被警方抓获，向某之妻小云气愤不已，认为向某竟然藏私房钱不交却去逛动物园，遂诉请与之离婚。一审中，小云和自己的证人高某在前往法院的途中均被河马咬成重伤，需要住院1年，无法参加庭审。法院作出判决后，向某提出上诉。二审中，小云被袋鼠踢死。关于本案，下列说法不正确的有：（　　）（多选）

难度系数★★★★★

A. 法院应先将向某的离婚诉讼中止，等待强奸案件的审理结果

B. 小云因正当事由无法参加一审庭审，法院可以裁定延期审理

C. 小云被踢死后，一审判决生效

D. 高某因正当事由无法参加一审庭审，法院可以裁定诉讼中止

知识总结

<table>
<tr><td rowspan="2">有正当理由
不到庭</td><td>时间可以确定</td><td colspan="2">延期审理（决定）</td></tr>
<tr><td>时间不能确定</td><td colspan="2">诉讼中止（裁定）</td></tr>
<tr><td rowspan="3">无正当理由
不到庭</td><td>必须到庭</td><td colspan="2">拘传（拘传票）</td></tr>
<tr><td rowspan="2">不必须到庭</td><td>属原告方</td><td>按撤诉处理（裁定）</td></tr>
<tr><td>属被告方</td><td>缺席判决（裁定）</td></tr>
</table>

52. 关于民事诉讼的裁定，下列哪一选项是正确的？（　　）（单选）　难度系数★★

A. 裁定可以适用于不予受理、管辖权异议和驳回诉讼请求

B. 裁定一律处理程序问题

C. 裁定的拘束力通常只及于当事人、诉讼参与人和审判人员

D. 当事人不服一审法院作出的裁定的，可以向上一级法院提出上诉

聚焦考点42 程序选择权

难|度|系|数|★★

53. 在民事诉讼中，下列哪些事项属于当事人可以协商的事项？（　　）（多选）

A. 举证期限
B. 合同案件的管辖法院
C. 案件是否开庭审理
D. 举证责任的分配

聚焦考点43 虚假诉讼

难|度|系|数|★★★★

54. 甲诉乙民间借贷纠纷一案审理过程中，甲主张乙向自己借款11 000元，并出具了两张借条，一张上载明乙向甲借款5000元，另一张上载明乙向甲借款6000元，其还提供了微信转账5000元整的记录。乙主张自己只向甲借款5000元，甲提供的借款6000元的借条系甲伪造的。一审结束后，当事人上诉至二审法院。关于本案，下列说法不正确的有：（　　）（多选）

A. 乙主张的“自己只向甲借款5000元，甲提供的借款6000元的借条系甲伪造的”，构成对借款事实的部分自认，但并非证明案件事实的证据
B. 若查明借款6000元的借条系伪造，法院必须发回一审法院重审，不得直接改判
C. 若二审法院发现法官助理李某应回避而未回避，则必须把案件发回重审
D. 若后查明借款6000元的借条是假的，但不存在双方恶意串通侵害他人合法权益，则甲伪造证据的行为属于妨碍民事诉讼，但不属于虚假诉讼

第10讲 一审简易程序

聚焦考点44 简易程序的适用范围

难度系数★★★

55. 下列哪些案件的审理不适用民事诉讼简易程序？（　　）（多选）

A. 开庭时被告下落不明的案件

B. 一审法院重审的简单民事案件

C. 小额诉讼案件

D. 申请将价值50元的家具认定为无主财产的案件

聚焦考点45 小额诉讼程序的适用

56. 下列案件中，不能适用小额诉讼程序的有：（　　）（多选）　　难度系数★★

A. 适用简易程序审理的给付一包方便面的民事纠纷案件

B. 责任清楚、给付金额有争议的交通事故侵犯人身权案件

C. 中级人民法院审理的物业费纠纷案件

D. 发回重审的标的额为1元的王某和高某金钱给付纠纷案件

57. 向某在4S店购买了一辆"笨死"牌轿车，开回家后，第二天发现车辆发动机漏油，遂与4S店协商，未果。协商过程中，4S店承认该车辆存在问题，但仅仅同意赔偿向某漏掉的一桶油。向某表示不同意，向鉴定中心申请鉴定。鉴定意见认为该车市值为4万元，发动机价格为1万元。向某遂以产品存在瑕疵为由向法院起诉，要求4S店赔偿1万元。4S店不认可该鉴定意见，要求重新鉴定。下列说法不正确的有：（　　）（多选）　　难度系数★★★★

A. 本案中，因为4S店承认该车辆存在瑕疵，所以向某不必提供证据证明车辆存在瑕疵的事实

B. 在车辆是否存在瑕疵的事实真伪不明的时候，法院应判决主张该事实的向某败诉

C. 若法院认为本案案情简单、金额较小，则应适用小额诉讼程序审理

D. 向某住所地的法院作为侵权结果发生地的法院，对本案有管辖权

聚焦考点46 对小额诉讼程序的救济

难|度|系|数|★★★

58. 若某案件应适用普通程序，却错误适用小额诉讼程序，由此导致的法律后果包括：(　　)(多选)

A. 当事人的上诉权被剥夺

B. 当事人可以在辩论终结前对适用小额诉讼程序提出异议

C. 小额诉讼的判决不能上诉，但可以申请再审，再审得到的判决可以上诉

D. 当事人的举证期被缩短

第11讲　二审程序

聚焦考点47 上诉人的确定　　难|度|系|数|★★★★

59. 北京某法院审理某专利权纠纷案件，丙为原告，甲、乙为共同被告，丁为无独三。法院最终判决甲和乙共同赔偿丙20万元，其中，甲承担15万元，乙承担5万元。甲认为自己承担的份额过多，应和乙平均分担赔偿责任。甲和丁提出上诉。法院收下上诉状后，上诉人拒不缴纳诉讼费用。关于本案，下列说法正确的是：(　　)（单选）

A. 最高法院选定的海淀法院可以审理本案

B. 本案的上诉人是甲和丁

C. 本案的被上诉人是乙和丙

D. 上诉人提交了书面上诉状，上诉已经成功

知识总结

1. 上诉人确定的三大原则

　(1) 谁上诉，谁就是上诉人；

　(2) 对谁不满，谁就是被上诉人；

　(3) 其他人按照原审地位列明。

2. 经特别授权的委托代理人可以上诉；被判决承担责任的无独三可以上诉；诉讼代表人不经当事人同意可以上诉。

聚焦考点48 二审撤诉　　难|度|系|数|★★★

60. 经审理，一审法院判决被告王某向原告刘某支付欠款50万元，王某不服，提起上诉。二审中，双方当事人达成和解协议。若当事人申请撤诉，下列哪一说法是正确的？(　　)（单选）

A. 若刘某申请撤诉，则一、二审程序终结，同时撤销原裁判，刘某可以就原纠纷重新

起诉

B. 若王某撤诉，王某和刘某不可以再针对一审判决提起上诉

C. 若王某撤诉，相关主体可以针对原纠纷再起诉

D. 若王某撤诉，相关主体可以向法院申请执行和解协议

知识总结

<table>
<tr><th></th><th>撤回情况</th><th>程序发展</th><th>判决效力</th><th>再次启动程序</th></tr>
<tr><td>一审程序</td><td>起诉被撤回</td><td>终结一审程序</td><td>尚未作出一审判决</td><td>可以就原纠纷再起诉</td></tr>
<tr><td rowspan="2">二审程序</td><td>二审程序中上诉被撤回</td><td>终结二审程序</td><td>一审判决生效</td><td>不可以上诉，不可以再起诉</td></tr>
<tr><td>二审程序中起诉被撤回</td><td>终结一、二审程序</td><td>一审判决应同时撤销</td><td>不可以再起诉</td></tr>
<tr><td>再审程序</td><td>撤回再审申请</td><td>终结再审程序</td><td>原判决有效</td><td>原则上不可以再申请再审，但有《民事诉讼法》第211条第1、3、12、13项规定事由的除外</td></tr>
</table>

聚焦考点49 二审审理方式和审理范围

难|度|系|数|★★★

61. 关于二审法院审理案件的程序规定，下列说法正确的是：（　　）（单选）

A. 二审法院仅对上诉请求进行审理，当事人未请求的，一律不予审理

B. 二审法院审理上诉案件，必须开庭

C. 当事人在一审中的行为，对二审法院没有约束力

D. 对于发回重审又上诉的案件，原来二审法院合议庭的组成人员可以参加审理

聚焦考点50 二审判决

难|度|系|数|★★★

62. 二审法院根据当事人上诉和案件审理情况，对上诉案件作出相应裁判。下列哪一选项是正确的？（　　）（单选）

A. 二审法院认为原判对上诉请求的有关事实认定清楚、适用法律有瑕疵，但裁判结果正确的，裁定撤销原判，发回重审

B. 二审法院认为原判对上诉请求的有关事实认定清楚，但适用法律有错误的，裁定撤销原判，发回重审

C. 二审法院认为一审判决基本事实认定不清的，依法进行改判

D. 原审原告增加独立的诉讼请求的，二审法院合并审理，一并作出判决

知识总结

二审裁判

正确要维持，

瑕疵纠正它。

错误必改判，

程序往回发。

事实未查清，

两种都可呀~

63. 甲公司与乙公司因房屋租赁合同纠纷诉至A区法院，一审判决乙公司腾退房屋并支付拖欠的租金10万元，乙公司应于15日内履行判决。乙公司上诉，二审中双方私下达成和解协议，未和法院沟通。后来二审法院维持了原判。甲公司在申请执行时发现一审判决书中将乙公司名称误写为“丙公司”，遂向法院申请再审。关于本案，下列哪一选项是正确的？（　　）（单选）

A. 二审判决经过履行期就生效

B. 当事人可以就判决书中写错当事人名称的事由申请再审

C. 二审中当事人和解，法院就不应作出判决，应以和解协议结案

D. 甲公司可以在15日履行期内申请保全乙公司财产

第12讲 审判监督程序

聚焦考点51 当事人申请再审的条件

难度系数 ★★★

64. 关于当事人申请再审，下列说法正确的是：（　　）（单选）

A. 朱某与牛某因 500 元借款纠纷诉至区法院，区法院独任审理，判决生效后，牛某不服，向市中级法院提出再审申请，市中级法院受理

B. 王某向市中级法院申请再审，市中级法院受理后，应同时中止执行

C. 马某与胡某之间的不动产纠纷经基层、中级两级法院审理，判决生效后，马某发现该案违反专属管辖，原审法院严重违法行使管辖权，于是向高级法院提出再审申请，法院受理

D. 寇某与侯某之间的不当得利纠纷经 A 县法院审理，一审判决生效后，寇某可以向 A 县法院或者其上级法院申请再审

知识总结

1. 一般应向原审法院的上级法院申请再审；人数众多或均为公民的，才可以向原审法院申请再审。
2. 向上级申请，
   上级可提审。
   指令和指定，
   不能回基层。
   向原审申请，
   由原审审理。
   适用原程序，
   基层无限制。

聚焦考点52 申请再审的管辖和审理

难|度|系|数|★★★

65. 姜冬梅诉葛宏图合同纠纷案，涉及标的额600元。北山市北山县法院受理该案件后，适用简易程序进行了审理。经终审法院作出驳回姜冬梅诉讼请求的判决后，姜冬梅因收集到新的证据而申请再审。下列哪些选项是正确的？（　　）（多选）

A. 姜冬梅可以向北山县法院申请再审

B. 姜冬梅可以向北山市法院申请再审

C. 北山县法院再审时，可以吸收陪审员

D. 姜冬梅对北山县法院的再审判决不服的，可以上诉

聚焦考点53 抗　诉

难|度|系|数|★★★

66. M县法院作出错误的调解书后，当事人向M县检察院申请抗诉。下列说法不正确的有：（　　）（多选）

A. 当事人申请抗诉被驳回后，可以向检察院申请检察建议

B. M县检察院无权提出抗诉

C. 法院在接到检察院抗诉书之日起30日内必须裁定是否再审

D. 检察院可以对调解书提出抗诉，但必须是在调解书违反自愿、合法原则，确有错误的情况下

聚焦考点54 检察建议

难|度|系|数|★★★

67. 关于我国民事诉讼中检察院的职能行使，下列说法正确的有（　　）（多选）

A. 只有没有其他法定主体或者其他法定主体不起诉时，检察院才可以提起公益诉讼

B. 当事人只有向法院申请再审后，才能向检察院申请抗诉

C. 检察院以当事人身份提起公益诉讼和提出抗诉时，要出庭参加民事诉讼

D. 检察院提出抗诉后又撤回的，再审程序终结，原审判决生效

68. 关于检察监督，下列说法错误的有：（　　）（多选）

A. 检察院以检察建议的方式对民事诉讼的监督及于审判阶段和执行阶段

B. 检察院有权对督促程序中的法官的违法行为提出检察建议

C. 法院作出驳回再审申请的裁定后，当事人可以在6个月内向检察院申请抗诉

D. 检察院有权对宣告死亡案件中的错误判决提出再审检察建议

知识总结

检察监督的两种方式的比较

	抗　诉	检察建议
方　式	上级抗下级	同级提建议
效　力	刚性（必然能启动再审）	柔性（不一定能启动再审）
作　用	作用唯一：启动再审，纠正错误裁判、调解书	作用有二： （1）建议法院启动再审——纠正法院错误裁判、调解书（损害国家、社会公共利益） （2）建议法院改正行为——纠正审判人员、执行人员、书记员、法官助理的违法行为（此违法行为和裁判是否正确并没有必然关系，包括各种程序中的违法行为）
阶　段	法律文书生效后（一般依申请启动，以当事人申请再审为前提）	贯穿于诉讼全程，包括审判阶段和执行阶段

聚焦考点55 再审的审理

难|度|系|数|★★★

69. 赵某与黄某因某项财产所有权发生争议，赵某向法院提起诉讼，经一、二审法院审理后，该项财产被判决属赵某所有。陈某得知此事后，向二审法院反映其是该财产的共同所有人，并提供了相关证据。二审法院经审查，决定对本案进行再审。关于本案，下列哪一说法是正确的？（　　）（单选）

A. 陈某不是本案一、二审的当事人，不能参加再审程序

B. 二审法院可以直接通知陈某参加再审程序，并根据自愿原则进行调解；调解不成的，告知陈某另行起诉

C. 二审法院可以直接通知陈某参加再审程序，并根据自愿原则进行调解；调解不成的，裁定撤销一、二审判决，发回一审法院重审

D. 本案发回重审后，应允许赵某变更诉讼请求

第13讲　反　　诉

聚焦考点56 反诉的要素

难|度|系|数|★★★

70. 关于反诉，下列哪一选项是正确的？（　　）（单选）

A. 甲诉乙侵权纠纷一案，二审中乙不得提出反诉

B. 新意公司将丁某等 12 人诉至法院，要求他们赔偿破坏办公设施造成的损失。丁某等人推选黄某和杨某作为代表人。黄某和杨某提出反诉无需丁某等人同意

C. 反诉和本诉须有牵连关系，因此，必须属于同一法律关系或者基于同一原因事实

D. 甲将乙诉至法院，要求乙承担违约责任。乙若要在一审中提出反诉，必须在本诉举证期限届满前提出

聚焦考点57 增变反

难|度|系|数|★★

71. 关于增加、变更诉讼请求和反诉，下列说法正确的有：（　　）（多选）

A. 增加、变更诉讼请求和反诉都必须在本诉答辩期终结前提出

B. 审理本诉的法院应对反诉具有管辖权

C. 反诉与本诉当事人的地位相同

D. 当事人增加、变更诉讼请求不会导致受理法院丧失地域管辖权

知识总结

一　　审	在辩论终结前提出，合并审理
二审发回重审	适用一审程序，按照一审处理
二　　审	可以调解；调解不成，告知另行起诉。双方当事人同意由第二审人民法院一并审理的，第二审人民法院可以一并裁判
再　　审	不属审理范围，告知另行起诉
再审发回重审	适用一审程序，原则上也不审理

聚焦考点58 增变反与漏人、漏判

难度系数★★★★

72. 张某为某大学三年级学生，为方便谈恋爱在学校附近租了甲和乙共有的房屋。后张某因恋爱花费过多，无力支付房租，被甲和乙诉至法院。一审法院判决张某向甲和乙支付房租3000元。关于本案，下列说法不正确的有：（　　）（多选）

A. 如果甲和乙不服，提起上诉，二审法院在审理过程中发现一审遗漏了应当共同进行诉讼的房屋共有人丙，此时，二审法院应根据自愿原则调解解决，调解不成的，撤销原判决，发回重审；但若被漏掉的丙同意由二审法院一并审理，二审法院可以一并判决

B. 如果甲和乙不服，提起上诉，并且甲在上诉请求中提出希望解除与张某的租赁关系，甲的行为须经乙同意

C. 如果本案适用二审程序再审时，甲和乙提出不久前张某将房间全部改造了，给他们造成了2万元的经济损失，要求赔偿这部分损失，法院可以进行调解；调解不成的，告知另行起诉

D. 二审案件调解的结果变更了一审判决内容的，应当在调解书中写明“撤销原判”

知识总结

[口诀] 增变反、离婚案，放弃上诉权，可调也可判。

1. 离婚案，是指一审法院判决不准离婚，对子女和财产问题未加处理，二审法院认为应当判离婚，也应处理子女和财产问题的案件。
2. 漏人和漏判，当事人放弃上诉权的，不可以直接由二审法院一并判决。

73. A省规定超过1亿元的财产纠纷由中院管辖。甲、乙公司因房屋租赁合同纠纷未能协商达成协议，甲公司在A省B市C区法院起诉乙公司，请求其支付房屋租金8000万元。法庭辩论终结后，合议庭一致决定支持甲公司的诉求。在法院撰写判决书期间，甲公司变更诉讼请求，请求乙公司支付房屋租金加违约金1.5亿元。关于本案，C区法院应如何处理？（　　）（单选）

A. 应裁定移送管辖

B. 继续判决原告甲公司胜诉，其可以获得1.5亿元的房屋租金和违约金

C. 按照8000万元的诉讼请求直接进行裁判，并将判决结果送达双方当事人

D. 询问乙公司的意见，在管辖权异议期内先中止审理

第14讲 公益诉讼

聚焦考点59 环境污染公益诉讼

难|度|系|数|★★★

74. 向阳化工厂向渤海排污，致使大连市附近的渤海海面被严重污染，海中鱼虾大量死亡。相关主体依法提起了公益诉讼。关于本案，下列说法正确的是：（　　）（单选）

A. 辩论终结前，向阳化工厂和原告达成和解协议后，原告可以撤诉

B. 本案需要的证据，法院可以主动调查。若渤海的污染和向阳化工厂的排污行为之间的联系真伪不明，则判决向阳化工厂败诉

C. 就该公益诉讼得到的判决，当事人应在执行时效内申请法院执行

D. 原告可以向污染发生地的大连市中院提起公益诉讼

聚焦考点60 消费侵权公益诉讼

难|度|系|数|★★★

75. N市M县KK公司向消费者销售韩国代购的高级化妆品，结果该产品均为假冒伪劣商品，大量顾客使用该公司生产的产品后面部严重感染。关于对该案提起的公益诉讼，下列说法不正确的有：（　　）（多选）

A. 公益诉讼提起后，原告无权撤诉

B. 公益诉讼提起后，消费者还可以向法院提起代表人诉讼

C. 原告起诉时应提供顾客受损的证据，证据不充分的，法院不予受理

D. 若相关法定主体起诉，检察院可以在首次开庭前要求参加诉讼，法院将其列为共同原告

第15讲 案外人救济

聚焦考点61 案外人救济的基本制度

难|度|系|数|★★

向大和李二系兄弟，其父向矮乙去世后，留下一对翡翠假眼。该翡翠假眼在向大手中。后李二到法院起诉向大，要求分割该翡翠假眼。经法院调解，双方达成了调解协议，法院依据调解协议制作了调解书，内容如下：翡翠假眼归李二所有，李二向向大支付人民币20万元。

根据案情，请回答第76、77题。

76. 若李二未向向大支付上述款项，向大向甲县法院申请强制执行。经法院调查，李二手中还有一个纪念款的黄金假牙摆件，市场价值大约5万元。法院遂扣押了李二的黄金假牙摆件。此时，李二的朋友高小云向法院声称，李二的黄金假牙摆件是自己借给李二的，其所有权是自己的。高小云如果要对案中所提到的黄金假牙摆件主张权利，应采取什么方式？（　　）（单选）

A. 应先提出案外人异议，若异议被驳回，再以案外人身份申请再审

B. 应提起第三人撤销之诉

C. 应直接以案外人身份申请再审

D. 应先提出案外人异议，若异议被驳回，再提起案外人异议之诉

77. 若向大拒不将翡翠假眼交给李二，李二申请法院强制执行该翡翠假眼，其后，法院将翡翠假眼执行完毕。此时，向矮乙的朋友罗大香向法院声称，向矮乙留下的那对翡翠假眼是他让向矮乙保存的，其所有权是自己的。罗大香如果要对翡翠假眼所涉及的权益主张权利，可以采取什么方式？（　　）（单选）

A. 可以先提出案外人异议，若异议被驳回，再以案外人身份申请再审

B. 可以提起第三人撤销之诉

C. 可以向法院起诉，要求返还翡翠假眼

D. 可以先提出案外人异议，若异议被驳回，再提起案外人异议之诉

知识总结

<table>
<tr><th colspan="3">执行程序中执行标的错误的救济</th></tr>
<tr><td rowspan="2">裁判有错误，执行也错误
（既需撤销错误裁判，也需中止错误执行）</td><td colspan="2">案外必要共同诉讼人只能先提案外人异议，后申请再审</td></tr>
<tr><td>案外第三人可提三撤，也可先异议，后再审（只能二选一）</td><td>（1）先异议，后再审（再审后不可提三撤）
（2）撤销之诉，并提异议（不可再提再审）
（3）撤销之诉与再审同时启动，只审理再审（在再审中处理第三人的权利主张）</td></tr>
<tr><td>裁判无错误，执行有错误
（只需中止错误执行，不需要撤销原裁判）</td><td colspan="2">先提出案外人异议，异议被驳回，才可以提起案外人异议之诉</td></tr>
</table>

聚焦考点62 案外人救济制度竞合

难度系数★★★★★

78. 郑某因一台老式苏联相机的所有权问题，将侯某诉至平谷区法院。平谷区法院判决郑某胜诉。郑某将侯某打晕了20天，导致上诉期届满，侯某未上诉。其间，叶某主张相机是自己所有，并向平谷区法院主张权利。侯某醒来后，以法律适用错误为由向平谷区法院的上级法院申请再审。关于本案，下列说法正确的有：（　　）（多选）

A. 法院可以主动顺延上诉期，救济侯某的利益

B. 叶某要主张权利，只能向平谷区法院起诉

C. 在满足法定条件的情况下，本案可以不开庭审理

D. 法院应对本案进行调解；调解不成的，发回重审

第16讲 涉外民事诉讼

聚焦考点63 涉外民事诉讼的特殊程序

难|度|系|数|★★★

79. 英国人乔伊是“星期五网络有限公司”的员工，其在所居住宿舍附近的如意饭店就餐后，因开具发票问题与饭店服务员发生厮打，双方诉至法院。法院受理案件后，适用简易程序进行了审理。下列说法正确的是：(　　)(单选)

A. 本案审限原则上为 3 个月

B. 乔伊的上诉期为 30 日

C. 对乔伊不适用涉外送达的规则

D. 根据平等原则，乔伊在中国参加民事诉讼也享有聘请律师的权利。乔伊可以聘请律师汤姆作为自己的律师

知识总结

涉外民事诉讼的重要考点

1. 只要涉外财产纠纷和中国有牵连，中国法院就可以管。
2. 涉外案件重大的，必须由中院管辖。
3. 涉外案件没有审限。
4. 涉外案件协议管辖范围更广。
5. 涉外案件不能适用小额诉讼程序。
6. 在中国境内没有住所的当事人的上诉期、答辩期为 30 日，公告送达期为 60 日，适用涉外送达规则。

第17讲 非民事诉讼程序

聚焦考点64 特别程序的程序共同点

难度系数 ★★

80. 关于特别程序，下列说法正确的有：(　　)(多选)

A. 适用特别程序审理的案件，都是非讼案件

B. 依特别程序审理的案件，不存在被告

C. 适用特别程序审理的案件，实行一审终审

D. 按特别程序审理的案件，一律实行独任制

知识总结

管辖法院	基层法院
程序启动	起诉（选民资格案）；申请（其他一律是非讼程序，都是依申请启动）
调　　解	不适用
辩论原则	不适用
开庭审理	选民资格案要开庭，其他不开庭
有公告阶段	宣告公民失踪、死亡案；认定财产无主案；公示催告程序
审判组织	独任审理（选民资格案、标的额超出基层法院管辖的实现担保物权案、重大疑难案的特别程序要合议，公示催告程序的除权判决阶段必须合议，且合议庭不得吸收陪审员）
救济程序	一律一审终审，不能上诉和申请再审 （1）特别程序的当事人、利害关系人认为判决、裁定有错误的，可以向作出该判决、裁定的法院提出异议。确认调解协议案、实现担保物权案，当事人的异议应自收到裁定之日起15日内提出，利害关系人的异议应自知道或者应当知道其民事权益受到侵害之日起6个月内提出 （2）支付令错误的，由院长提交审委会讨论后撤销 （3）除权判决错误的，由利害关系人起诉撤销

聚焦考点65 选民资格案

难|度|系|数|★★

81. 在基层人大代表换届选举中，村民向某发现选举委员会公布的选民名单中有同村村民云姐的名字，其认为云姐是本村著名的无法识别自己行为的人，遂向选举委员会提出申诉。选举委员会认为，向某不是本案的利害关系人，无权提起申诉，故驳回了向某的申诉。向某不服，诉至法院。关于本案，下列哪些选项是错误的？（　　）（多选）

A. 向某作为本案起诉人、云姐作为本案被起诉人和选举委员会的代表都必须参加诉讼

B. 法院应该驳回向某的起诉，因向某与案件没有直接利害关系

C. 选民资格案件关系到公民的重要政治权利，只能由审判人员组成合议庭进行审理

D. 法院对选民资格案件作出的裁定是终审法律文书，当事人不得对此提起上诉

聚焦考点66 指定遗产管理人案

难|度|系|数|★★★★

82. 老常去世后，留下一处房产。老常育有一子常某，常某知道其父有一非婚生子女，但只知道其随母亲姓向，却不知道其具体的身份信息和联系方式。常某想为父亲所留房屋办理租赁登记，但自己不是唯一继承人，又无法与其他继承人取得联系，导致手续迟迟办不下来。通过法律咨询，常某决定向法院申请成为遗产管理人，以便对相关房屋进行出租和日常维护管理。下列说法正确的是：（　　）（单选）

A. 常某可以向自己住所地的基层法院提出申请，请求法院指定自己为遗产管理人

B. 若法院指定常某担任遗产管理人，向某得知后，认为其会侵害自己的合法权益，则可以向法院起诉，请求法院通过诉讼确定遗产管理人资格

C. 若法院作出指定常某为遗产管理人的法律文书后，胡某认为该房屋系老常遗赠给自己的财产，自己有独立请求权，则可以针对指定遗产管理人的法律文书提起第三人撤销之诉

D. 人民陪审员不得参与本案审理

聚焦考点67 宣告失踪、死亡案

难|度|系|数|★★★★

83. 王某被宣告失踪后，法院指定其妻钱某为其财产代管人。王某在失踪前，曾借给孙某20万元，现已届清偿期限。李某主张王某曾委托赵某和其签订了买卖合同，但钱某主张赵某系无权代理，而李某主张赵某具有代理权外观。关于本案相关诉讼当事人，下列说法正确的有：（　　）（多选）

A. 若钱某起诉孙某，应当将钱某列为原告

B. 若钱某起诉孙某，应当将王某列为原告

C. 赵某是否具有代理权外观，应由钱某承担举证责任

D. 赵某是否具有代理权外观，应由李某承担举证责任

聚焦考点68 确认人民调解协议案

难度系数 ★★★

84. 甲、乙二人向某人民调解委员会申请人民调解，达成了人民调解协议。下列说法不正确的有：(　　)(多选)

A. 达成人民调解协议后，甲仍然有权向法院起诉

B. 甲向法院申请确认人民调解协议的，法院可以受理

C. 甲、乙达成解除收养关系的人民调解协议，可以申请法院确认

D. 法院确认后，当事人可以依据人民调解协议向法院申请强制执行

知识总结

人民调解与诉讼的关系：

1. 可调可诉。
2. 调后可调。
3. 调后可诉。
4. 调后可确认。

85. B区的王某和C区的孙某因金额巨大的不当得利纠纷（超过基层法院管辖的金额）请求位于A区的人民调解委员会进行调解。经调解员张某调解，二人达成了调解协议。其后，王某请求法院确认调解协议的效力。法院受理案件并作出确认调解协议有效的裁定。孙某则认为确认程序违法，向法院提出异议。关于本案，下列说法正确的是：(　　)(单选)

A. 本案中的当事人可以向C区基层法院申请确认人民调解协议的效力

B. 若法院驳回了孙某的异议，孙某可向检察院申请抗诉

C. 对于确认调解协议的裁定，法院可以留置送达

D. 法院审理本案，不得适用独任制，应适用合议制

聚焦考点69 实现担保物权案

难度系数 ★★

86. 因鲁某拖欠万方汽修厂修理费，万方汽修厂便对其汽车进行了留置。万方汽修厂希望通过“实现担保物权”程序实现其留置权。关于该留置权的实现，下列说法正确的有：(　　)(多选)

A. 鲁某和万方汽修厂都有权向法院申请实现该担保物权

B. 实现担保物权案件由担保财产所在地或担保物权登记地基层法院管辖，若标的额超过基层法院管辖范围，则应由中级法院管辖

C. 鲁某提出申请后，法院经审查，认为符合法律规定的，裁定拍卖、变卖该汽车，该裁定可以强制执行

D. 对担保物权有争议的，法院应对该争议进行审查后作出处理

聚焦考点70 督促程序

难|度|系|数|★★★

87. A区的个体工商户李某拖欠B区的甲公司货款5万元，甲公司多次催讨无果，遂向李某所在地的A区基层人民法院申请支付令。人民法院受理后，经审查认为该申请成立。关于本案，下列哪些说法是正确的？（　　）（多选）

A. 在向李某送达支付令时，人民法院可以留置送达

B. 如果李某在法定期间提出书面异议，则人民法院应对异议理由是否成立进行审查

C. 对李某的支付令发出就生效

D. 如果李某在法定期间未提出书面异议，但向B区人民法院起诉，请求确认该债务已经偿还，则支付令失效

88. 2019年年末，为投资经营饭店，乙与甲签订了民间借贷合同，丙自愿为乙提供担保，以自己的一辆价值42万元的轿车为甲设定抵押，并和甲约定：若将来发生纠纷，由A仲裁委员会仲裁解决。后甲将35万元借款汇入乙的账户。乙将全部资金支付给丁用以租赁丁的店面。在交付使用前，丁的店面因线路老化发生火灾。乙致电丁，要求丁将租金返还给自己，自己另觅其他场地，丁拒绝。乙也因此无力偿还甲的借款。关于本案，下列说法正确的是：（　　）（单选）

A. 若甲向法院申请对乙发出支付令，又以此债权债务纠纷向其他法院起诉，法院可以受理此诉讼

B. 若甲向法院申请对丙实现担保物权，法院不应受理此案

C. 若乙起诉丁，要求解除二者之间的租赁合同，本案属于变更之诉

D. 若乙起诉丁，要求解除合同，可以追加甲作为无独立请求权第三人

聚焦考点71 公示催告程序

难|度|系|数|★★★

89. 甲公司因遗失汇票，向A市B区法院申请公示催告。在公告期届满后的第3天，乙公司向B区法院申报了权利。关于本案，下列哪些说法是不正确的？（　　）（多选）

A. 对于乙公司逾期申报的行为，法院不审查逾期的理由

B. 乙公司申报权利时，法院应当通知甲公司前来查验票据，并组织双方当事人进行法庭调查与辩论

C. 乙公司申报权利时，法院应当组成合议庭审理

D. 法院应当作出终结程序的裁定，甲公司可以对此裁定向上级法院申请复议

第18讲 民事执行程序

聚焦考点72 执行开始 难|度|系|数|★★★

90. 关于执行程序，下列说法不正确的有：(　　)(多选)

A. 外国的裁判和裁决不是我国法院的执行依据

B. 对驳回执行中管辖权异议的裁定不服，被执行人可以就该裁定向上级法院上诉

C. 债权人未发现债务人财产，终结本次执行后，发现新财产的，应在执行时效内再次申请执行

D. 作为被执行人的公民因生活困难无力履行债务的，应终结执行

聚焦考点73 执行依据和管辖 难|度|系|数|★★★

91. 关于执行依据和执行管辖，下列说法正确的是：(　　)(单选)

A. 法院作出的执行依据由基层法院或与基层法院同级的财产所在地法院执行

B. 执行依据被申请撤销和执行申请被撤回的法律效果是一样的

C. 民事执行主体也执行部分刑罚措施

D. 当事人申请不予执行仲裁裁决的，被申请人住所地A区法院和被执行财产所在地B区法院可能有管辖权

聚焦考点74 执行措施 难|度|系|数|★★★★

92. 关于执行措施，下列说法正确的是：(　　)(单选)

A. 王某诉李某排除妨碍一案，李某拒不履行，法院要求李某双倍支付迟延履行利息

B. 参与分配要求债务人资不抵债，且债权人必须是自然人或者其他组织，不能是法人

C. 法院可以依法限制被执行人的非生活必需之消费，并对其实施信用惩戒

D. 法院代位执行次债务人的财产，通知次债务人履行义务，次债务人在法定期间内主张自己和债权人之间没有债权债务关系的，履行通知失效

聚焦考点75 》案外人异议和共有财产的执行

杨某驾驶的机动车与周某驾驶的出租车发生碰撞，致使周某受伤。周某诉至法院后，法院判决杨某在1周内给付周某医疗费人民币53万元。1周后，杨某仍不履行判决，周某申请法院强制执行。法院发现杨某的仓库中存有13吨钢材，遂予以查封。

根据案情，请回答第93、94题。

93. 法院查封钢材后，未发现该财产存在共有人。黄某向法院提出异议，主张钢材中有一部分属于自己，并非都是杨某的个人财产。下列说法正确的有：（　　）（多选）

难|度|系|数|★★★

A. 若法院认为黄某的异议不成立，驳回了黄某的异议，黄某可以向法院申请再审

B. 若法院认为黄某的异议成立，裁定中止执行，周某可以向法院起诉黄某

C. 若黄某主张有9吨钢材属于自己，杨某不承认，黄某可以向法院起诉杨某

D. 若法院中止执行后，黄某不要求分割钢材，周某可以向法院起诉黄某

94. 法院查封钢材后，发现黄某是钢材的共有人，并通知了黄某。下列说法正确的是：（　　）（单选）

难|度|系|数|★★★★

A. 若黄某和杨某达成了分割协议，约定将7吨钢材分割给黄某，周某认可该协议，则法院可以解除对该7吨钢材的查封措施

B. 若黄某起诉杨某，杨某承认自己只对钢材共有权占很少份额，则受理法院认为该诉讼会侵害周某利益的，可以裁定驳回黄某的诉讼请求

C. 若黄某和杨某无法达成协议，则黄某向法院起诉并得到生效判决后，周某认为该判决错误的，可以起诉黄某和杨某

D. 若何某在执行中也向法院主张执行杨某的财产，而钢材被分割后，不足以清偿，应由何某和周某达成分割协议

知识总结

执行共有财产的操作

<table>
<tr><td>未通知共有人</td><td colspan="3">主张共有的人提出案外人异议</td></tr>
<tr><td rowspan="3">发现并通知共有人</td><td rowspan="2">共有人要求分割</td><td>达成分割协议，债权人认可</td><td>解除共有人所有部分的执行措施</td></tr>
<tr><td>达不成分割协议</td><td>提出析产诉讼</td></tr>
<tr><td>共有人不要求分割</td><td colspan="2">提出代位析产诉讼</td></tr>
<tr><td colspan="4">解决了两个问题：财产的权利归属和共有财产的份额分配</td></tr>
</table>

聚焦考点76 执行和解与执行担保

王某和严某的诉讼结束后，法院判决严某在7日内给付王某人民币5万元。执行过程中，王某和严某达成和解协议，口头约定由严某向王某给付价值7万元的茶叶，不再给付5万元人民币，并约定协议生效后，王某给予严某2个月的暂缓执行的筹措时间。同时，为保障债权顺利执行，约定由焦某以自己价值3万元的长城轿车提供担保。

根据案情，请回答第95~97题。

95. 关于本案，下列说法不正确的有：（　　）（多选） 难|度|系|数|★★★

A. 因双方未达成书面协议，故该协议无效

B. 双方当事人申请法院依据和解协议制作调解书的，法院同意后，担保协议自满足民法规定的担保条件时生效

C. 当事人可以申请法院依据和解协议作出裁定

D. 和解协议达成后，执行时效和执行程序都可能中止

96. 关于本案，下列说法不正确的有：（　　）（多选） 难|度|系|数|★★★★

A. 若2个月后，严某不给付茶叶，王某可以起诉严某或者焦某

B. 若15个月后，严某不给付茶叶，王某可以申请执行严某的财产或者焦某的轿车

C. 若2个月内，发现焦某的轿车已经报废，法院可以马上主动执行

D. 若和解协议履行完毕后，王某主张是严某胁迫自己达成的和解协议，则其可以直接申请恢复原裁判文书的执行

97. 关于本案，下列说法正确的是：（　　）（单选） 难|度|系|数|★★★

A. 若2个月后，严某给付的价值7万元的茶叶已经发霉，质量不好，王某可以申请恢复原裁判的执行

B. 若严某未向王某给付茶叶，王某可以依据和解协议执行严某的茶叶

C. 若严某只向王某给付了价值4000元的茶叶，此时，王某可以申请恢复原裁判的执行

D. 若严某给付了价值4000元的茶叶，法院在执行了4.5万元人民币后执行结案，王某可以提出异议；异议被驳回的，可以提起异议之诉

知识总结

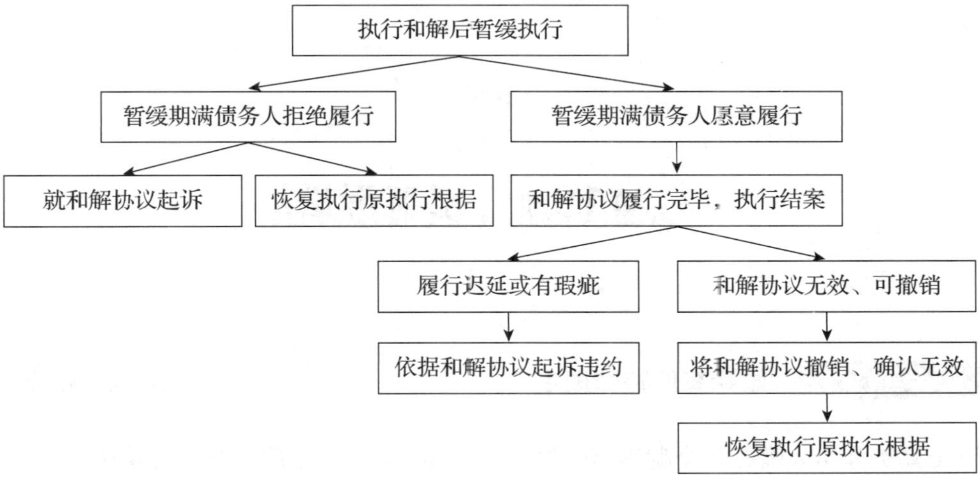

聚焦考点77 担 保

难|度|系|数|★★★

98. 关于民事诉讼程序中有关担保制度的规定，下列说法不正确的有：（　　）（多选）

A. 执行中，王某为债务人李某提供担保，暂缓执行期满后，可以将王某列为被执行人，直接执行王某的财产

B. 高某为黄某和陈某的调解协议提供担保，若黄某不履行债务，陈某可以依据担保协议起诉高某

C. 诉讼中，孙某向法院申请保全鲁某的财产，法院要求孙某提供担保的，孙某可以提供担保也可以不提供担保

D. 若侯某以自己的房产为周某提供担保，同时，由吴某作为周某的保证人，并约定保证人优先承担担保责任，周某的债权人可以向房产所在地法院申请实现对侯某的担保物权

第19讲 家事诉讼

聚焦考点78 婚姻案件特殊规定

难|度|系|数|★★★

99. 王真美和李大嘴在一个咖啡店一见钟情，遂闪婚。7 年后，两人感情破裂，王真美起诉离婚。下列说法正确的是：（　　）（单选）

A. 法院在审理所有涉及婚姻关系的案件时，都应先行调解

B. 一审法院判决不准离婚，李大嘴不服，提出上诉。二审法院经审理认为应当判决离婚，法院可以将财产分割问题一并调解；调解不成，发回重审

C. 法院查明，王真美已经怀孕，此时应驳回起诉

D. 调解过程中，李大嘴为挽回婚姻，承认自己在 7 年中曾经出轨 26 次，恳求王真美原谅。后调解失败，法院依此认定李大嘴是婚姻关系中的过错方

知识总结

1. 确认婚姻无效案件和离婚案件

	确认婚姻无效案件	离婚案件
性　质	确认之诉	变更之诉
调　解	人身关系部分不能调解	全案都可以调解
再　审	人身关系部分不能再审	人身关系部分不能再审

2. 离婚案件的特殊程序规定

管　辖	夫妻一方离开住所地超 1 年，另一方起诉离婚	原告、被告住所地法院都可以管
	双方都离开住所地 1 年以上的离婚诉讼	被告住所地法院管
	对下落不明或者被宣告失踪、不在中国境内居住的人提起身份诉讼	原告住所地法院管

续表

审　理	离婚案件的审理方式：申请不公开
出　庭	离婚案件有诉讼代理人的，除本人不能表达意志的以外，仍应出庭
阻　碍	离婚案件当事人一方死亡的，诉讼终结

聚焦考点79 赡养案件特殊规定

难|度|系|数|★★★

100. 白老汉今年99岁，有三个儿子，白大、白二和白眼狼。现在，白老汉要向法院起诉追索赡养费。下列说法错误的有：（　　）（多选）

A. 若白老汉住北京市海淀区，三个儿子住北京市昌平区，白老汉可以向北京市海淀区法院起诉

B. 诉讼过程中，若法院发现白老汉生活困难，每天只吃一根大葱，急需赡养费，可以裁定先予执行以满足白老汉生活急需

C. 若白眼狼收到法院传票后无正当理由拒不到庭，法院应予以拘传

D. 若白老汉获得胜诉判决，执行过程中，白眼狼将白大与白二杀死后自杀，此时只能终结执行

知识总结

	具体情形	处理方法
地域管辖	追索赡养费、扶养费、抚育费的几个被告不在同一辖区	可由原告、被告住所地法院管辖
必要共同诉讼	在追索赡养费案件中，权利人起诉部分赡养义务人	要追加其他赡养义务人为共同被告
保障措施	追索赡养费、扶养费、抚育费、医疗费、抚恤金的案件	可以先予执行
	负有赡养、扶养、抚育义务的被告和离婚案件的被告，经2次传票传唤无正当理由拒不到庭	拘　传
起诉的受理	追索赡养费、扶养费、抚育费案件，裁判发生法律效力后，因新情况、新理由，一方当事人再行起诉要求增加或减少费用	法院应作为新案受理
诉讼阻碍	追索赡养费、扶养费、抚育费案件的一方当事人死亡	诉讼终结

续表

	具体情形	处理方法
执行开始	具有给付赡养费、扶养费、抚育费内容的法律文书	可以移送执行
执行中止	裁定再审的案件，裁定中止执行，但追索赡养费、扶养费、抚育费、抚恤金、医疗费用、劳动报酬等案件，可以不中止执行	执行可以不中止
执行终结	追索赡养费、扶养费、抚育费案件的权利人死亡	执行终结

第20讲 仲裁程序

聚焦考点80 诉讼与仲裁的程序比较

难|度|系|数|★★★★

101. 关于诉讼与仲裁制度，下列说法正确的有：(　　)(多选)

A. 审判员王某被申请回避后，诉讼程序不重新进行；仲裁员孙某被申请回避后，仲裁程序要重新进行

B. 如组成仲裁庭仲裁，仲裁员意见不一致，应按照首席仲裁员的意见作出裁决

C. 没有仲裁协议不可以向仲裁委申请仲裁，但没有管辖协议可以起诉

D. 民事诉讼双方当事人达成调解协议的，一般不得依据调解协议制作判决书；仲裁双方当事人达成和解协议的，依据和解协议只能制作裁决书

知识总结

	诉　　讼	仲　　裁
主管范围	民事纠纷及非讼案件	民事财产纠纷
程序启动	符合起诉条件，起诉	达成仲裁协议，申请
管　　辖	级别、地域管辖	选定的仲裁委
审　　级	两审终审	一裁终局
审判组织	独任制、合议制	独任、仲裁庭
审理方式	公开为原则	不公开为原则
开庭审理	原则上必须开庭	可以约定不开庭
第 三 人	有独三、无独三	无
回　　避	程序不重新进行	程序可重新进行
保　　全	向法院申请	向仲裁委申请，法院作出
调　　解	起诉到法院，开庭审理前，先行调解	裁决作出前，先行调解
	依调解协议制作调解书	依调解协议制作调解书、裁决书
和　　解	依和解协议制作调解书	依和解协议制作裁决书

续表

	诉　　讼	仲　　裁
判决、裁决	上诉期满或作出生效	作出生效
	按照多数人意见判决，无法形成多数人意见的，提交审委会讨论决定	按照多数人意见或首席仲裁员意见裁决
	持少数意见的人必须在判决上签名	持少数意见的人可不在裁决上签名
	不同意见记入笔录	不同意见可记入笔录
生效文书救济	申请再审	申请撤销或不予执行

聚焦考点81 协议仲裁原则

难|度|系|数|★★★★

102. 甲、乙发生纠纷，双方书面约定由某仲裁委员会仲裁。下列哪些说法是正确的？（　　）（多选）

A. 若该纠纷是遗产继承纠纷，则甲向法院起诉，法院应予受理

B. 当事人除了可以约定仲裁委，还可以协议选择仲裁员

C. 若甲、乙约定该纠纷由 M 县仲裁委仲裁，则甲向法院起诉，法院不应受理此案件

D. 若甲、乙约定该纠纷由北京仲裁委或天津仲裁委仲裁，则北京仲裁委绝对不可能取得对案件的管辖权

知识总结

1. 仲裁法三大原则：协议仲裁、或审或裁、一裁终局。

（1）协议仲裁：没有仲裁协议的不得申请仲裁，仲裁委无法取得主管的权利；

（2）或审或裁：只能选择诉讼或者仲裁中的一种纠纷解决方式；

（3）一裁终局：仲裁裁决一经作出，马上生效，不得再就原纠纷起诉或者申请仲裁。

2. 仲裁协议效力对管辖权的影响

仲裁协议有效	法院无管辖权	要在法院首次开庭前提交仲裁协议，否则法院可以继续审理
仲裁协议无效	仲裁委无管辖权	要在仲裁庭首次开庭前主张仲裁协议无效，否则仲裁庭可以继续仲裁

聚焦考点82 仲裁协议的效力

难|度|系|数|★★★★

103. 根据法律和相关司法解释的规定，以下说法不正确的有：（　　）（多选）

A. 当事人双方约定购销合同纠纷由成都仲裁委员会仲裁后，购销合同解除的，当事人仍然有权向法院起诉

B. 当事人在仲裁协议中约定合同纠纷由地处上海市的仲裁委员会仲裁的，仲裁协议当然无效

C. 某甲去世以前，曾与某乙订立了一份仲裁协议，约定木材质量纠纷由昆明仲裁委员会仲裁。现在某甲的儿子发现某乙提供的木材质量有问题，他只能向法院起诉

D. 东县的丙公司与丁建筑公司曾约定，因建设位于南县的工程产生的纠纷，由长沙仲裁委员会仲裁或者由丙公司所在地东县法院管辖。该仲裁协议无效，本案应由东县法院管辖

聚焦考点83 仲裁协议的效力确认

难|度|系|数|★★★★★

104. 昆明的曲某和贵阳的代某因合同履行问题发生纠纷，代某申请仲裁。双方在南宁武鸣区签订的仲裁协议中约定，若发生纠纷，可以向地处北京并适用贸仲规则的仲裁委员会申请仲裁。关于本案，下列说法正确的是：（　　）（单选）

A. 若在仲裁庭首次开庭过程中，曲某对仲裁协议效力提出异议，可以向法院申请确认仲裁协议的效力

B. 若仲裁委受理前，曲某申请昆明仲裁委确认仲裁协议的效力，则昆明仲裁委具有管辖权

C. 若曲某向南宁武鸣区法院申请确认仲裁协议的效力，而代某向贵阳仲裁委申请确认仲裁协议的效力，则此时应由武鸣区法院管辖

D. 若代某向北京仲裁委申请确认并得到确认裁决后，曲某再向法院申请确认，法院不予受理

知识总结

<table>
<tr><td rowspan="5">确认主体</td><td colspan="2">向约定的仲裁委申请确认</td></tr>
<tr><td rowspan="4">向法院申请确认</td><td>约定的仲裁机构所在地中院</td></tr>
<tr><td>仲裁协议签订地中院</td></tr>
<tr><td>申请人住所地中院</td></tr>
<tr><td>被申请人住所地中院</td></tr>
</table>

聚焦考点84 仲裁保全

难|度|系|数|★★★★

105. 关于仲裁保全，下列说法不正确的有：（　　）（多选）

A. 涉外证据保全可以由被申请人住所地的中级人民法院采取保全措施
B. 美国人汤姆和中国人王某申请仲裁后，可以向证据所在地的中级人民法院申请证据保全
C. 中国人孙某和中国人岳某申请仲裁后，可以向仲裁委申请行为保全
D. 中国人白某和中国人宁某申请仲裁前，可以向约定的仲裁委申请财产保全

知识总结

<table>
<tr><td>仲裁前保全</td><td colspan="4">向法院申请</td></tr>
<tr><td rowspan="4">仲裁中保全</td><td rowspan="4">向仲裁机构申请，由仲裁机构提交给法院</td><td rowspan="2">证据保全</td><td>国　内</td><td>提交证据所在地基层法院</td></tr>
<tr><td>涉　外</td><td>提交证据所在地中级法院</td></tr>
<tr><td rowspan="2">财产保全</td><td>国　内</td><td>由财产所在地和被申请人住所地的基层法院管辖</td></tr>
<tr><td>涉　外</td><td>由财产所在地和被申请人住所地的中级法院管辖</td></tr>
</table>

聚焦考点85 仲裁和解

难|度|系|数|★★★

106. 甲公司与乙公司就某一合同纠纷申请仲裁。在仲裁中，双方达成了和解协议，甲公司撤回了仲裁申请。后乙公司没有按照和解协议履行义务。下列说法错误的有：（　　）（多选）

A. 甲公司可以向法院申请执行仲裁和解协议
B. 甲公司不能申请执行仲裁和解协议，但可以起诉乙公司
C. 甲公司可以依据原仲裁协议申请仲裁
D. 甲公司可以重新与乙公司达成仲裁协议申请仲裁

聚焦考点86 仲裁程序

难|度|系|数|★★

107. 关于仲裁过程中相关事项的决定权，下列说法错误的有：（　　）（多选）

A. 王某申请仲裁庭中的首席仲裁员孙某回避的，应由仲裁委员会集体决定
B. 仲裁员回避后，王某申请仲裁程序重新进行的，是否重新进行，由仲裁委决定
C. 王某申请确认仲裁协议的效力的，应由仲裁庭决定仲裁协议是否有效
D. 关于仲裁庭的组成人员，当事人可以自行决定，也可以达成合意决定

聚焦考点87 仲裁裁决

难度系数 ★★

108. 关于仲裁裁决，下列说法不正确的有：(　　)（多选）

A. 仲裁裁决签收后就生效

B. 持少数意见的仲裁员可以不在仲裁裁决上签名

C. 当事人不愿意写明事实和理由的，裁决书可以相应简化

D. 仲裁裁决书具备强制执行力

聚焦考点88 仲裁监督

难度系数 ★★★★

109. 叶某和徐某因买卖合同纠纷申请仲裁。在仲裁过程中，当事人经仲裁委调解达成调解协议，并申请仲裁委依据仲裁调解协议作出仲裁裁决。裁决作出后，叶某申请执行该裁决，而徐某申请不予执行该裁决。关于本案，下列说法不正确的有：(　　)（多选）

A. 应先中止执行该仲裁裁决，对裁决进行审查

B. 法院审查不予执行仲裁裁决案件，应适用普通程序组成合议庭审理

C. 若该裁决侵害了案外人利益，案外人也可以申请撤销该裁决

D. 当事人不可以就该裁决申请不予执行；若裁决有错误，当事人可以申请仲裁庭复议

聚焦考点89 撤销或不予执行仲裁裁决的法律效果

难度系数 ★★★

110. 某仲裁委员会对甲公司与乙公司之间的买卖合同纠纷一案作出裁决后，发现该裁决存在超裁情形，甲公司与乙公司均对裁决持有异议。关于该仲裁裁决，下列说法错误的有：(　　)（多选）

A. 该仲裁委员会可以请求法院撤销该仲裁裁决

B. 甲公司或乙公司可以请求该仲裁委员会撤销该仲裁裁决

C. 在撤销该仲裁裁决的过程中，法院可以通知该仲裁委员会重新仲裁，作出新裁决

D. 在执行程序中，被执行人可以请求法院不予执行该仲裁裁决

知识总结

作出有效仲裁裁决	不得再起诉，不得再申请仲裁
仲裁协议无效，仲裁裁决被撤销、不予执行	可以起诉，可以重新达成仲裁协议申请仲裁
撤回仲裁申请	不得向法院起诉，可以依据原协议或者重新达成仲裁协议申请仲裁

答案及解析

Answer Key and Explanations

1. 答案 ABCD

精析 A 选项错误，当选。A 选项考查的是民事诉讼法的时间效力。《民事诉讼法》具有溯及力，新法生效后，未审结的案件都应按照新法审理，不再适用旧法。

B 选项错误，当选。B 选项考查的是民事诉讼法的空间效力。在中国境内进行民事诉讼的当事人，原则上都应适用中国民事诉讼法，不允许选择适用外国民事诉讼法。

C 选项错误，当选。证明责任由立法明确分配，不可以由双方当事人约定；协议管辖的适用范围限于财产纠纷，离婚纠纷不可以协议管辖。

D 选项错误，当选。从公私法的角度看，民事诉讼法调整国家审判权和检察权的运行，规范公权力，属于公法。

2. 答案 ABCD

精析 A 选项错误，当选。A 选项考查的是诉的相关理论知识。诉讼标的是争议的法律关系，诉讼标的物才是具体的财物，诉讼请求是当事人的具体权利要求。本案中，50 万元属于诉讼标的物，偿还 50 万元的主张是诉讼请求，而诉讼标的是当事人争议的借贷关系。

B 选项错误，当选。B 选项中，判断诉的类型应以原告的主张为依据，原告要求离婚属于请求将既存的婚姻关系消灭，属于变更之诉。

C 选项错误，当选。C 选项中，诉请将孩子交由自己抚养，变更了具体的抚养关系，属于改变法律关系的变更之诉，不属于给付之诉，且给付的对象只能是财物或者行为。

D 选项错误，当选。D 选项中，诉的分类是对诉讼案件的分类，而确认公民无、限制民事行为能力的案件属于典型的非讼案件，不属于任何诉的类型。

3. 答案 ABCD

精析 本题涉及《民法典》相关司法解释中新增设的一些内容。

A选项错误，当选。本题中，甲、乙二人订立的是一个非常常见的买卖合同，但是由于乙可能构成根本违约，因此，甲起诉要求解除合同。针对这样的案情，我们先看A选项。A选项本身就是错误的。为什么呢？可以将该选项分成前半部分和后半部分来分别解析。前半部分的表述是正确的。很多同学可能会疑惑，解除合同应当是把既存的法律关系解除掉，为什么属于确认之诉呢？那是因为《最高人民法院关于适用〈中华人民共和国民法典〉合同编通则若干问题的解释》（以下简称《民法典合同编通则解释》）第54条规定，当事人一方未通知对方，直接以提起诉讼的方式主张解除合同，撤诉后再次起诉主张解除合同，人民法院经审理支持该主张的，合同自再次起诉的起诉状副本送达对方时解除。但是，当事人一方撤诉后又通知对方解除合同且该通知已经到达对方的除外。这就意味着，当当事人的起诉状副本送达对方的时候，合同就已经解除了，那么等到法院开庭审理本案的时候，就不是判断要不要把一个既存的合同解除掉，而是要确认这个合同已经解除的状态，所以这当然是一个确认之诉。但是合同是什么时候解除的呢？有两个可以考虑的时间点：①第一次起诉的起诉状副本送达对方的时候；②第二次起诉的起诉状副本送达对方的时候。应当是第二个时间点正确。这也是司法解释所明确规定的，原因是虽然第一次也送达了起诉状副本，但是后来甲又撤回了起诉，这就表明甲改变了意思表示，不再要求解除合同了。

B选项错误，当选。B选项也比较复杂。在本案中，当事人甲要求解除合同，可是法院却发现乙丧失了民事行为能力，这就意味着，本案当中的合同很可能并不成立。如果合同没有成立，就谈不上解除的问题了。可是依据处分原则，法院不能超出当事人所主张的诉讼标的和诉讼请求的范围进行裁判。本案中，甲所提出来的请求系解除合同，那么法院就不应当主动对合同是否成立的问题在主文中进行判决，也不应当对甲释明，要求甲变更诉讼请求。如果法院这样做，相当于向当事人表明了自己的法律观点、态度和立场，可能对一方当事人有利，而不利于另一方当事人，这就违反了法院中立客观的地位要求。因此，《民法典合同编通则解释》第3条第3款规定，当事人主张合同无效或者请求撤销、解除合同等，人民法院认为合同不成立的，应当依据《最高人民法院关于民事诉讼证据的若干规定》第53条的规定将合同是否成立作为焦点问题进行审理，并可以根据案件的具体情况重新指定举证期限。所以，针对这一问题，法院的正确处理方案是将合同是否成立作为焦点问题进行审理，即要求当事人对合同是否成立进行辩论，而不是释明。

C选项错误，当选。C选项中，法院移送管辖的前提是受案法院对本案件没有管辖权。本案当中有一个非常值得关注的细节，就是被告向法院提出了反诉。为什么要向受案法院提出反诉呢？一个默认的前提就是他认为受案法院对本案具有管辖权。如果他认为法院没有管辖权，又为什么要求法院受理他的纠纷呢？这在逻辑上是不通的。因此，一旦被告向受案法院提出反诉，就构成默示协议管辖，视为该法院有管辖权。一旦受案法院取得管辖权，就不得将案件再行移送管辖了。

D选项错误，当选。D选项是故意混淆大家的视听的，因为根本没有这样的规定。法律规定的内容是：如果当事人上诉至二审法院，二审法院将案件发回重审，则原来参加过一审审理的法官和人民陪审员都要回避，即另行组成合议庭。而在本案中，当事人第一次起诉后又撤诉，受案法院的法官并没有对本案进行实质性的审理，也没有任何错误可言，因此，在当事人第二次起诉被受理后，其是不需要回避的。

4. [答案] ABCD

[精析] A选项错误，当选。根据处分原则，法院不得超出当事人的请求范围裁判，但是调解不受处分原则的限制，超出请求范围达成的调解协议依然有效。

B选项错误，当选。辩论权是当事人的专属权利，所以，证人没有辩论权。

C选项错误，当选。当事人辩论的范围具有全方位性，证据问题、程序问题、事实问题、法律问题都可以进行辩论。

D选项错误，当选。检察院只对法院的法官行使监督权，对于证人，检察院不能行使监督权。

5. [答案] A

[精析] A选项正确。存在不能适用二审程序审理，但可以适用再审程序审理的法律文书。例如，小额诉讼程序的判决，因为不能上诉，所以无法适用二审程序审查该判决的正确性，但是对该判决可以申请再审，也就是说，可以适用再审程序审理。

B选项错误。院长担任审判长的时候，回避应由审委会决定。

C选项错误。再审没有自己的程序，或者适用一审程序再审，或者适用二审程序再审。适用一审程序再审的时候，合议庭可以吸收陪审员。

D选项错误。陪审员属于审判人员的范畴，和法官的权力、地位类似，因此，其回避应由院长决定。

6. [答案] BD

[精析] 本题考查的是独任制和合议制在《民事诉讼法》规定的各种程序中的适用问题。

A选项错误。中级人民法院可以审理一审案件，也可以审理二审案件。审理一审案件时，组成合议庭，可以吸收陪审员；审理二审案件时，组成合议庭，不可以吸收陪审员。

B选项正确。二审法院发回重审，原审法院应适用一审普通程序。一审程序合议庭可以吸收陪审员。

C选项错误。中级人民法院可以适用合议制审理案件，但不能适用独任制审理案件。

D 选项正确。在特别程序中，有些案件适用独任制，有些案件应组成合议庭，但都不允许吸收陪审员。

7. 答案 D

精析 2021 年《民事诉讼法》进行了修正，这一次修正的重点和亮点是强化了案件的繁简分流，其中一个重要的变化是扩大了独任制审判组织的适用范围。本题就是在这样的立法修改背景下为大家拟定的，以期帮助大家快速地掌握立法修改的关键问题。

A 选项中的情形不得适用独任制，不当选。《民事诉讼法》第 40 条第 2 款规定："适用简易程序审理的民事案件，由审判员一人独任审理。基层人民法院审理的基本事实清楚、权利义务关系明确的第一审民事案件，可以由审判员一人适用普通程序独任审理。"虽然公益诉讼案件也属于适用普通程序审理的案件，但绝不可以适用独任制审理。对此有两个说明：首先，《民事诉讼法》第 42 条规定："人民法院审理下列民事案件，不得由审判员一人独任审理：①涉及国家利益、社会公共利益的案件；②涉及群体性纠纷，可能影响社会稳定的案件；③人民群众广泛关注或者其他社会影响较大的案件；④属于新类型或者疑难复杂的案件；⑤法律规定应当组成合议庭审理的案件；⑥其他不宜由审判员一人独任审理的案件。"公益诉讼案件就属于典型的涉及国家利益、社会公共利益的案件。其次，《人民陪审员法》第 16 条第 2 项也明确规定，审理根据《民事诉讼法》提起的公益诉讼第一审案件，应当由 7 人组成合议庭进行。

B 选项中的情形同样不得适用独任制，不当选。《民事诉讼法》第 41 条第 2 款规定："中级人民法院对第一审适用简易程序审结或者不服裁定提起上诉的第二审民事案件，事实清楚、权利义务关系明确的，经双方当事人同意，可以由审判员一人独任审理。"据此，二审案件是有可能适用独任制的，但是必须同时满足四个条件，即：①审理二审案件的法院是中级人民法院；②案件事实清楚、权利义务关系明确；③经双方当事人同意；④审理的对象是经简易程序审结或者不服裁定提起上诉的二审案件。这四个条件缺一不可。大家检视本案中给定的条件，只具备上述四个条件中的三个条件，本案的一审是按照普通程序审理并作出民事判决的，所以本案的二审不得适用独任制审理。

C 选项中的情形也不得适用独任制，不当选。根据《民事诉讼法》第 42 条第 4 项的规定，属于新类型或者疑难复杂的案件，不得适用独任制审理。本选项中的知识产权纠纷虽然是在基层人民法院审理，但是由于它属于新类型或者疑难复杂的案件，因此应适用合议制，而不得适用独任制审理。

只有 D 选项中的情形可以适用独任制，当选。如果要求实现的担保物权的涉案金额不大，那就可以由基层人民法院独任审理；如果涉案金额超过了基层人民法院管辖的范围，应由基层人民法院组成合议庭审理，而不是移送到中级人民法院。

8. 答案 AD

精析 A选项中的主体需要回避，当选。A选项中的情形属于回避主体和当事人有其他关系（只要有可能影响公正审理的，都属于其他关系）。

B选项中的主体不需要回避，不当选。证人不回避，回避主体不包括证人。

C选项中的主体不需要回避，不当选。专家辅助人不回避，回避主体不包括专家辅助人，只包括鉴定人，这是两种不同的人。

D选项中的主体需要回避，当选。陪审员是回避主体。根据《关于人民法院落实廉政准则防止利益冲突的若干规定》第6条的规定，人民法院工作人员在审理相关案件时，以本人或者他人名义持有与所审理案件相关的上市公司股票的，应主动申请回避。违反本条规定的，依照《人民法院工作人员处分条例》第30条的规定处理。《最高人民法院关于适用〈中华人民共和国民事诉讼法〉的解释》（以下简称《民诉解释》）第43条规定，审判人员有下列情形之一的，应当自行回避，当事人有权申请其回避：①是本案当事人或者当事人近亲属的；②本人或者其近亲属与本案有利害关系的；③担任过本案的证人、鉴定人、辩护人、诉讼代理人、翻译人员的；④是本案诉讼代理人近亲属的；⑤本人或者其近亲属持有本案非上市公司当事人的股份或者股权的；⑥与本案当事人或者诉讼代理人有其他利害关系，可能影响公正审理的。综上，可以确定的是，审判人员自己持有与所审理案件相关的上市公司股票，或者自己及近亲属持有本案非上市公司当事人的股份或股权的，就必须回避。陪审员在行使审判权时，属于审判人员范畴。

9. 答案 A

精析 A选项正确。任何案件都必须公开宣判。

B选项错误。涉及商业秘密的案件，当事人申请不公开审理的，法院可以公开审理，也可以不公开审理。

C选项错误。调解书是保密的，生效的调解书也不允许公众查阅。

D选项错误。不能公开审理的案件包括涉及国家秘密的案件和涉及个人隐私的案件，这两种案件均不能公开质证。可以公开审理的案件就可以公开质证的说法不准确，如涉及商业秘密的案件，如果当事人不申请不公开审理，是可以公开审理的，但是绝对不允许公开质证。

10. 答案 D

精析 A选项不当选。当事人和解后，没有申请法院制作调解书，也没有撤诉的，法院将对该案继续审理。离婚案件的判决是可以上诉的。

B选项不当选。该案虽然适用简易程序，而且金额较小，但是由于其是涉外案件，不得适用小额诉讼程序，因此可以上诉。

C 选项不当选。督促程序终结后，应转为诉讼程序。给付金钱或者有价证券的案件可以上诉。

D 选项当选。因为该案已经过了上诉期。

11. [答案] ABCD

[精析] A 选项不正确，当选。当事人能力，也叫诉讼权利能力。有诉讼权利能力的，不一定有诉讼行为能力。例如，未成年人具备诉讼权利能力，却不具备诉讼行为能力。有了诉讼行为能力，必然具备诉讼权利能力。

B 选项不正确，当选。具备当事人能力，也不一定是具体案件的适格当事人。例如，某健康成年人具备当事人能力，但如果其不是具体争议的法律关系的主体，就不能作为该案的适格当事人参加诉讼。

C 选项不正确，当选。适格当事人也不一定具备诉讼行为能力。例如，未成年人可以成为法律关系的主体，可以作为适格当事人参加诉讼，但是却不具备诉讼行为能力。

D 选项不正确，当选。年满 18 岁的公民未必有诉讼行为能力，如精神病人；未满 18 岁的公民未必没有诉讼行为能力，如未成年劳动者（16 岁到 18 岁之间以自己的劳动养活自己的公民，视为其具备诉讼行为能力）。

12. [答案] D

[精析] A 选项错误。本案的受害人乙才是本案的原告。未成年人也可以作为原告，乙的父亲可以作为法定代理人参加诉讼。

B 选项错误。本案的被告应是甲和甲的监护人。未成年人侵权案件中，侵权人和监护人作为共同被告。

C 选项错误。丙和本案没有法律上的利害关系，不可以作为无独三参加诉讼。

D 选项正确。丙虽然是未成年人，但是其在案件现场，也了解案情，可以作为证人参加诉讼。

13. [答案] ABCD

[精析] A 选项不正确，当选。乙属于无诉讼行为能力人，因此，由其父亲担任法定代理人参加诉讼没有错。但是，民事诉讼中不存在限制诉讼行为能力人的概念。

B 选项不正确，当选。乙没有诉讼行为能力，应由乙的父亲委托律师作为委托代理人。

C 选项不正确，当选。刀不是公民、法人或其他组织，没有当事人能力，并非属于当事人不适格。

D 选项不正确，当选。被告下落不明的，也属于被告明确。

14. 答案 C

精析 本题考查的是对具体当事人地位的判断。

A、B、C三个矛盾选项中，C选项正确，A、B选项错误。本题中存在一个典型的侵权案件，受害人是李某，直接伤害李某的是王某，而王某属于提供劳务的人，应以接受劳务的人为被告。该案中，接受劳务的人为个体工商户，且该个体工商户存在字号，因此，应以字号为被告。

D选项错误。本题中还存在因产品质量问题引发的合同纠纷，此合同的相对方为合伙性质，而该合伙没有领取营业执照（没说领取就是没有），所以，该合伙属于个人合伙，而非合伙企业。D选项所描述的合同纠纷应以合伙人赵某和钱某为被告。

15. 答案 BD

精析 本题考查的是必要共同诉讼和普通共同诉讼的识别和程序特点。首先要完成的是对必要共同诉讼和普通共同诉讼的识别。必要共同诉讼和普通共同诉讼最大的差异是双方当事人之间诉讼标的的数目：若双方当事人之间只有1个法律关系，属于必要共同诉讼；若双方当事人之间存在2个以上同类法律关系，则属于普通共同诉讼。

A选项错误。孙东、孙勇起诉被告侵犯革命英雄的名誉，二人属于非权利义务主体当事人，该类案件并不要求起诉的原告与被告之间存在直接的利害关系。

B选项正确。B选项中，原告提出的诉讼请求是赔偿两个原告（近亲属）的精神损失，而本案中存在两个独立的侵权关系，即被告侵害了孙东精神利益的侵权关系和侵害了孙勇精神利益的侵权关系，因此，本案属于普通共同诉讼。普通共同诉讼既可以合并审理，也可以分别审理，但是必须分别判决。

C选项错误，D选项正确。C、D选项中，两个原告要求被告为革命英雄恢复名誉，本案中只存在一个侵权法律关系（侵犯革命英雄孙某的名誉），只是原告是两人，所以属于必要共同诉讼。必要共同诉讼必须合并审理、合一判决。必要共同诉讼中，标的单一，只有1个争议的法律关系，但是有2个以上原告或者2个以上被告，故属于主体合并。

16. 答案 ABC

精析 本题考查的是必要共同诉讼原告和有独三的区别。一般我们从两个角度区分这两种当事人。

A、B、C选项均错误，当选。从本题看，高福是原告，高禄是被告，在高寿回来前，法院因高寿属于继承权人追加其参加诉讼，其应作为必要共同诉讼人。此时，高寿若参加诉讼，是和高福一同向高禄主张权利，高寿和高福有共同的权利，而本案中也只有一个遗产分割的共同共有关系作为诉讼标的，当事人基于此诉讼标的要求分割遗产。但高寿在回来后，基于继承权产生的独立请求权参加诉讼，其既反对原告继承遗产，也反对被告继承遗产，身份转变成了典型的有独三。在高寿回来前，法院应依职权追加必要共同诉讼人；而在高寿回来后，其只能通过起诉的方式主张权利，不可以申请参加诉讼。最后，高福撤诉，本诉消灭，参加之诉继续进行。

D选项正确，不当选。D选项中，第三人或者必要共同诉讼人未参加诉讼，属于二审发现一审存在漏人的情况，应调解；调解不成的，发回重审。

17. 答案 AB

精析 本题考查的是重要的考点——必要共同诉讼被告和无独三的识别问题。关于这部分，我讲过一个非常实用的标准，即能将其作为必要共同诉讼的被告追诉，就不要追加为无独三。这一点在本题中有非常好的体现。本题中，向某若以违约为由起诉，只能起诉合同的相对方。因向某是和开发商签订的买卖合同，只能以开发商为被告；而供应商和这个案件的处理结果有法律上的利害关系，可以追加其作为无独三参加诉讼。

A选项正确。无独三是无法提出管辖权异议的。

B选项正确。无独三在诉讼中具有独立的当事人地位，是本案的当事人的一种。

C选项错误。法院没有判决无独三承担责任，无独三就不能上诉，但是可以作为被上诉人参加诉讼。

D选项错误。若向某以侵权为由起诉，此时开发商和供应商应作为共同被告，但是，共同侵权案件中只存在一起侵权关系，因此，二者应为必要共同诉讼的共同被告。

18. 答案 C

精析 在民事诉讼中，为了提高诉讼效率，节省司法成本，可以将一些诉合并审理。这些诉本身都是独立的诉，合并后也不会丧失独立性。这就意味着合并后部分诉发生的变动，如撤诉，不会对其他诉产生影响。这种形式合并的诉就包括本诉和反诉的合并、本诉和第三人参加之诉的合并、普通共同诉讼中各个诉的合并等。

A选项错误。因为丙作为第三人参加之诉的主体，并不是本诉的当事人，而是“本案”的当事人。

B选项错误。甲将乙和丙打伤，乙、丙二人起诉构成普通共同诉讼（因为有两个独立的侵权关系），必须分别判决。

C选项正确。甲诉乙和乙诉甲两个诉的标的分别是侵权纠纷和借贷纠纷，因为二者之间没有牵连关系，无法构成本诉和反诉的合并，所以，法院分别审理即可。

D选项错误。反诉不会随着本诉的撤销而终结。本诉被撤销的，反诉会继续进行。

19. 答案 AB

精析 本题综合考查了诉讼代表人制度和诉讼第三人制度。

A选项正确。在本案中，因企业的法定代表人孙某存在过错，企业承担责任后，可以依法向孙某追偿，所以，孙某和本案的处理结果有法律上的利害关系，可以将其追加作为无独立请求权第三人参加诉讼，而无独立请求权第三人无权放弃、变更诉讼请求。

B选项正确。法院指定了代表人之后，由于本案起诉的具体人数无法确定，因此，不服指定的人另行起诉。

C选项错误。C选项中，王某是本案的诉讼代表人，孙某则是本案中A企业的法定代表人。诉讼代表人提起上诉和反诉，并不需要被代表的当事人同意，所以，王某有权上诉。法定代表人在本案中的诉讼地位是无独立请求权第三人，其是否可以提起上诉，要根据本案一审判决是否判决其承担责任进行判断。案情中表明，“最终法院判决孙某的过错不成立，不承担赔偿责任”，但在本案中，代表A企业进行诉讼的并非其法定代表人孙某。由于本案已经进入破产清算程序，代表企业参加诉讼的应为破产清算负责人，因此，原法定代表人孙某也无权代表公司以公司的名义上诉。

D选项前半段正确，后半段错误。我国民事诉讼法不允许案外第三人运用第三人撤销之诉来撤销公益诉讼和代表人诉讼的裁定、判决。

20. 答案 C

精析 本题考查的是当事人的更换和追加问题。

A选项错误。债权债务转让不会导致当事人发生更换。因此，虽然周某将债权转让给了黄某，但黄某依然不属于当事人，不可以申请再审，能申请再审的只有当事人周某和郑某。

B选项错误。债权转让后，吕某和本案有法律上的利害关系。所以，如果法院觉得有必要，可以依职权追加吕某作为无独三。有独三是不可以追加的。另外，吕某基于债权关系和本案的结果产生了利害关系，符合无独三的特征。

C选项正确。企业法人发生分立、合并的，应以分立、合并后的法人作为当事人。甲企业和丙企业合并成了丁企业，丁企业就成了新的债务人，所以，债权人乙企业可以执行丁企业的财产。

D选项错误。焦某死后，因为只有小儿子愿意继承遗产，也同时愿意承受父亲的权利义务，所以，必须更换当事人的，只能将小儿子作为被告。但是这个选项是错误的，因为应是裁定诉讼中止。

21. 答案 BCD

精析 本题是对诉讼代理人制度的综合考查。

A选项正确，不当选，考查的是委托代理人的主体资格。我国立法中规定了三种可以作为委托代理人的情况，同时，我们讲过，委托代理人和被代理人都要具备诉讼行为能力。肖某获得了相关主体推荐，同时具备诉讼行为能力，可以担任委托代理人。至于受过刑罚，并不影响他担任委托代理人，一般只有可能损害被代理人利益的人不得担任委托代理人。

B选项不正确，当选。“全权委托”属于一般授权，委托代理人没有资格“承和反上”，而代替当事人撤诉就是放弃诉讼请求。因此，郭某无权代替常某撤诉。

C选项不正确，当选。顾某的委托代理人承认的事实对顾某不利，属于民事诉讼程序中的自认。该代理人为一般授权，即无权放弃、变更诉讼请求，无权承认对方诉讼请求，无权与对方和解，无权提起反诉和上诉。但是，其并非无权承认事实。一般而言，代理人的自认即视为当事人的自认，而不再区分代理人是否具有特别授权。

D选项不正确，当选。法定代理人和当事人的诉讼权利完全相同，但是诉讼地位却不相同，法定代理人不属于当事人范畴。

22. 答案 AC

精析 本题集中考查了地域管辖问题的解题思路。这种解题思路也是我们以前反复重点强调的。遇到地域管辖的题目，应先看有没有专属管辖；若不存在专属管辖，应考虑是否存在协议管辖；协议管辖无效或者没有协议管辖的，则考虑特殊地域管辖；没有特殊地域管辖的，才能考虑一般地域管辖。

A、C选项当选。从本题看，案件属于合同纠纷，不存在专属管辖，因此考虑协议管辖。本案中存在协议管辖的约定：若将来发生纠纷，由E地或者N地法院管辖。约定两个地方的法院作为管辖法院是被允许的，但是，E地和N地既不是原告住所地、被告住所地，也不是合同签订地、合同履行地，更不是标的物所在地，所以，约定的管辖法院超出了协议管辖可以选择的范围，协议管辖是无效的。那么，下一步则考虑特殊地域管辖。由于本案合同已经实际履行，因此，应由被告住所地和合同履行地法院管辖。本案被告住所地为B地，合同履行地为约定的D地，所以本案应由B、D两地的法院管辖。

23. 答案 ABCD

精析 A选项错误，当选。被告下落不明时，由原告住所地法院管辖的规定仅仅适用于身份关系的诉讼，而本案属于不当得利纠纷。

B选项错误，当选。只有几个被告不在同一辖区的赡养费纠纷案件，原告住所地法院才可以管辖。本案中，两个儿子都在B市，还应适用原告就被告。

C选项错误，当选。本案中，原告肖某起诉给付房租，所以本案属于房屋租赁合同纠纷，涉及专属管辖，应由不动产所在地法院管辖。

D选项错误，当选。夫妻均离开住所地1年以上的离婚诉讼，应由被告住所地法院管辖。本案中，被告胡某有经常居住地B市，所以应由B市法院管辖。

24. 答案 ABCD

精析 A选项中的约定无效，当选。协议管辖只能约定财产类及合同类纠纷的管辖，不能约定身份关系类案件的管辖。

B选项中的约定无效，当选。协议管辖只能约定一审案件的管辖。

C选项中的约定无效，当选。协议管辖必须书面约定。

D选项中的约定无效，当选。协议管辖只能约定地域管辖，级别管辖和专属管辖不能约定。

25. 答案 BC

精析 A选项错误。协议管辖，只能协议选择地域管辖，而不能协议选择级别管辖。当事人协议选择市中院管辖，违反了协议管辖的一般要求。

B选项正确。因为二审的判决书不能够通过上诉救济，所以作出就会生效，而非送达才生效。一审判决书则一般要经过上诉期才能生效。仲裁裁决遵循一裁终局原则，所以也不能通过上诉救济，同样是作出就生效。

C选项正确。选项中明确说明“调解协议生效后”，这就意味着生效的是调解协议，而非调解书，属于以调解协议结案的情况，而本案的调解协议中又具备给付性内容，所以，可以据以强制执行。

D选项错误。虽然撤回上诉会导致一审判决生效，但是一审判决的内容是“解除收养关系”，属于形成之诉的判决，没有给付性内容，不可能产生强制执行力。

26. 答案 AB

精析 A选项正确。涉外案件可以由基层法院管辖。只有重大涉外案件才必须由中级法院管辖。

B选项正确。因主观原因导致确定管辖的因素发生变化的，法院可能会丧失级别管辖权。

C选项错误。只有最高院才可以审理其认为应由其审理的案件，北京高院只能审理在本辖区内有重大影响的案件。但若上级法院认为，本案由上级法院审理更为合适，则可以在下级法院受理案件之后，在下级法院对本案有管辖权的情况下，通过管辖权转移制度取得对本案的管辖权，而非最开始就可以取得对本案的管辖权，也不属于移送管辖。

D选项错误。在北京发生的专利权纠纷，只能由知识产权法院管辖。

27. 答案 BD

精析 本题是对级别管辖、协议管辖、管辖权转移制度的综合考查。

A选项不当选。因为移送管辖存在地域移送和级别移送两种形式。

B 选项当选。不管是上报型管辖权转移、上调型管辖权转移，还是下放型管辖权转移，都只能在上下级之间开展。

C 选项不当选。管辖权异议可以针对级别管辖和地域管辖提出。不管法院是没有级别管辖权还是没有地域管辖权，当事人都有权提出异议。

D 选项当选。协议管辖只能约定地域管辖，不允许改变法定的级别管辖。

28. 答案 AD

精析 本题属于法定管辖和裁定管辖综合考查的复杂案例题。做这种题真的需要勇气。

A 选项错误，当选。从题目入手，判断乙县法院的移送管辖是否错误，就要观察该移送是否符合从无到有的基本要求。而本案最重要的识别就在于，要看出房屋租赁合同纠纷因属于不动产纠纷而属于专属管辖的范畴。因此，只有作为不动产所在地法院的甲县法院对租赁合同纠纷具有管辖权。即便孙某应诉答辩、未提出管辖权异议，但因违反专属管辖，乙县法院依然不能取得管辖权。所以，乙县法院没有管辖权，应当将案件移送给有管辖权的甲县法院，移送管辖是正确的。

B 选项正确，不当选。甲县法院作为接受移送的法院，不管自己有没有管辖权，都不可以再自行移送。

C 选项正确，不当选。因孙某在 2 月 13 日就完成了应诉答辩的行为，所以，孙某的答辩期在 2 月 18 日就结束了。至于他在 3 月 1 日提出的管辖权异议，因为管辖权异议已经过期，所以法院的驳回是错误的。这里同学们要区分情况：如果当事人在答辩期内提出管辖权异议，那么法院就必须进行审查并作出裁定，裁定包括支持和驳回两种；但如果当事人超过答辩期才提出管辖权异议，此时当事人已经没有提出异议的权利，也就是术语上讲的失权，对此，法院完全没必要再进行审查和裁定，正确的做法是不予审查。

D 选项错误，当选。“上报型”管辖权转移的前提是下级法院对本案有管辖权而报请没有管辖权的上级法院审理本案。丙县法院本身对案件就没有管辖权，所以不构成管辖权转移。

29. 答案 BD

精析 A 选项错误，D 选项正确。本案为建设工程施工合同纠纷，属于不动产纠纷，应适用专属管辖的规定，甲区法院是有管辖权的。

B 选项正确。有管辖权的法院由于特殊原因，不能行使管辖权的，由上级法院指定管辖。这里的“特殊原因”，从理论上来说，可以包括三种情形：①法院的全体法官均须回避；②有管辖权的法院所在地发生了严重的自然灾害；③其他特殊情况。本题中，因为纠纷本身涉及甲区法院，故不宜由其自己审理，依法应当由上级法院指定管辖。

C 选项错误。移送管辖，是指法院受理案件后，发现自己对案件并无管辖权，依法将案件移送到有管辖权的法院审理。移送管辖是为法院受理案件出现管辖权错误时提供的一种纠错办法，而在本题所述的情形中，甲区法院本身是具有管辖权的法院，不存在无管辖权而移送的情况，所以不属于移送管辖。

30. 答案 ABD

精析 A选项当选。A选项考查的是自认的概念。自认是对不利于自己的事实加以承认。本题中，李某同意返还借款400元，属于承认了对方的诉讼请求，不属于自认的范畴。

B选项当选。B选项中，对人身关系的事实不得自认，张某仍需对其主张的事实承担证明责任。

C选项不当选。C选项中，甲在先主动陈述了对自己不利的事实——邻居具有免责事由，属于自认的一种形式。

D选项当选。D选项中，无论委托代理人是否经过特别授权，原则上，代理人的自认就视为当事人的自认，当事人当庭否认或者在授权书中明确保留自认权利的除外。

31. 答案 ABC

精析 本题考查的是证明责任分配在具体案例中的判断，所以必须具体问题具体分析。

A选项当选。A选项中，虽然王某提供了刑事案件的判决书，对判决书中认定的加害行为、因果关系和主观故意等要件，王某都不需要再提供证据加以证明；但因侵权行为导致的民事权利方面的损害结果，包括误工费、护理费、营养费等损失，刑事判决书不会加以认定，故仍然需要王某提供证据加以证明。

B选项当选。B选项中，饲养动物侵权属于无过错责任侵权，被告存在过错并非侵权成立的要件，因此，被告是否存在过错的事实也并非本案的待证事实，该事实无需任何当事人承担证明责任（该事实真伪不明不会影响法官的判断）。

C选项当选。C选项中，医疗事故侵权属于过错责任侵权，但在医院严重违反诊疗规范的情况下，应推定医院存在过错，由医院证明自己没有过错。

D选项不当选。D选项中，仲裁裁决认定的事实属于免证事实，但因为仲裁裁决本身并非司法判决，故对方当事人提供符合标准的反证可以推翻仲裁裁决中认定的事实。

32. 答案 C

精析 本题考查的是各种证据的证明力判断规则。

A选项不当选。中学生作为未成年人，作出的与其年龄、智力水平相适应的证言可以单独作为认定案件事实的依据。

B选项不当选。无正当理由未出庭的鉴定人出具的鉴定意见要排除，根本不能作为认定案件事实的依据。

C 选项当选。偷录的录音带属于视听资料，只要偷录的证据没有构成非法证据，都可以使用。但是该录音带有疑点，所以不得单独作为认定案件事实的依据。

D 选项不当选。精神病院的医生肯定具备行为能力，所以必须签保证书，未签保证书的证人提供的证言不得作为认定案件事实的依据，要排除。

33. 答案 AC

精析 本题考查的是证据的理论分类问题。

A 选项不正确，当选。A 选项考查了证明责任问题。按照“谁主张事实成立，谁负担举证责任”的规则，确实应该由原告张某提供证据证明其主张成立，但是本案中，被告李某承认其向张某借过 500 元，已经构成了自认，就免除了张某提供证据的责任。

B 选项正确，不当选。B 选项中，原告张某提供的借条复印件证明的是借款事实，借款事实由张某负证明责任，所以张某提供的借条复印件属于本证。被告李某提供的收条证明的是还款事实，还款事实由李某负证明责任，所以李某提供的收条也属于本证。

C 选项不正确，当选。C 选项中，原告张某提供的借条复印件可以证明案件的全部借款事实，因而属于直接证据。

D 选项正确，不当选。D 选项中，收条是否系伪造属于书证的真实性问题，收条的真实性应由提供收条的被告李某承担证明责任。同时，明知收条系自己所写的原告张某恶意主张收条系伪造，违反了诚信原则，也违反了当事人的真实完整陈述义务，法院可以依法对其适用强制措施。

34. 答案 ABCD

精析 A 选项不正确，当选。该 X 光片并非双方聘任的专家作出的专业意见，而仅仅是在诉讼前形成的普通证据，因此属于视听资料。

B 选项不正确，当选。该照片存储在电子设备中，属于电子数据。

C 选项不正确，当选。张某属于证人，其陈述的内容属于证人证言，即便是书面形式，也是证人证言。

D 选项不正确，当选。交警不是勘验的主体，该事故认定书属于书证。

35. 答案 BC

精析 A 选项错误。人民法院根据案件情况，可以要求提交区块链技术存储电子数据的一方当事人，提供证据证明上链存储前数据的真实性，并结合上链存储前数据的具体来源、生成机制、存储过程、公证机构公证、第三方见证、关联印证数据等情况作出综合判断。因此，应由提交区块链技术存储电子数据的当事人证明其真实性，而非对方当事人。

B 选项正确。当事人提交的电子化材料，经人民法院审核通过后，可以直接在诉讼中使用。诉讼中存在法定情形的，人民法院应当要求当事人提供原件、原物。但当事人提交的电子化材料形成过程已经过公证机构公证的，人民法院可以认定符合原件、原物形式要求。

C选项正确。人民法院根据当事人选择和案件情况，可以组织当事人开展在线证据交换，通过同步或者非同步方式在线举证、质证。各方当事人选择非同步在线交换证据的，应当在人民法院确定的合理期限内，分别登录诉讼平台，查看已经导入诉讼平台的证据材料，并发表质证意见。也就是说，在线诉讼中，以同步举证、质证为原则，当事人选择异步举证、质证的，法院可以允许。

D选项错误。我国不禁止偷拍、偷录的证据在诉讼中使用。只要偷拍、偷录的过程没有严重侵害他人合法权益、违反法律的禁止性规定，没有严重违反公序良俗原则，偷拍、偷录的证据即可作为定案依据，而且证明力并不因取证手段特殊而必然降低。

36. (1) 答案 ABCD

精析 A选项不正确，当选。当事人因客观原因无法提交原件、原物的，可以提交复印件、复制品。但根据最佳证据规则，无法和原件、原物核对的复印件、复制品，不得单独作为定案依据。如果是可以和原件、原物核对的复印件、复制品，其证明力并不当然比原件、原物低。

B选项不正确，当选。文书提出命令有两个法律效果层次：若持有书证的主体拒不提交书证，只能推定书证内容为真；若持有书证的主体毁坏书证或令书证不能使用，法院可以对其适用强制措施，并推定书证证明的待证事实为真。

C选项不正确，当选。私文书的真实性应由提供私文书的当事人进行证明，故本案中，应由某酒店申请鉴定，以确定签字同一性问题。

D选项不正确，当选。若当事人对鉴定意见有异议，鉴定人应提供书面补充说明，而非必须出庭。

(2) 答案 AD

精析 A选项正确。因为本案涉及劳动报酬的追偿，故当事人可以申请法院先予执行，法院可以责令当事人提供担保，也可以不要求当事人提供担保。

B选项错误。本案是劳动争议纠纷，应先申请劳动仲裁，法院不应直接受理，故二审法院应裁定撤销原判，驳回起诉，而非发回重审。

C选项错误。当事人申请再审时，法院不得裁定中止执行。法院裁定再审时，劳动报酬案件才是可以不中止执行。

D选项正确。因本案涉及金钱债权且数额明确，债权合法到期，故可以通过督促程序要求债务人清偿。

37. 答案 D

精析 本题考查的是保全的问题。做这种题目，必须先定类型，再定阶段。从本题来看，本题涉及行为保全，阶段上是在起诉前，属于诉前行为保全。

A 选项错误。既然是行为保全，就不存在财产所在地。

B 选项错误。诉前保全都是情况紧急的，必须要在 48 小时内作出裁定。

C 选项错误。在诉前保全中，孙某申请法院进行保全，应当提供担保，C 选项错在“法院可以责令”。

D 选项正确。诉前保全只能依申请启动。

38. 答案 ABCD

精析 本题综合考查了专门法院管辖、在线诉讼和小额程序的相关考点，综合性比较强。

A、C 选项错误，当选。首先，我们判定本案是涉及互联网的著作权纠纷。根据《最高人民法院关于互联网法院审理案件若干问题的规定》第 2 条第 5 项的规定，本案应由广州互联网法院（相当于基层人民法院）审理。其次，对本案提起上诉，因为涉及著作权这一知识产权纠纷，故应上诉至广州知识产权法院（相当于中级人民法院）。

B 选项错误，当选。B 选项比较具有迷惑性。《最高人民法院关于互联网法院审理案件若干问题的规定》第 1 条规定，互联网法院采取在线方式审理案件，案件的受理、送达、调解、证据交换、庭前准备、庭审、宣判等诉讼环节一般应当在线上完成。根据当事人申请或者案件审理需要，互联网法院可以决定在线下完成部分诉讼环节。所以，互联网法院审理案件，并非以当事人同意为线上诉讼的必要条件。即便当事人申请，也只能在线下完成部分环节。可见，全程在线审理是互联网法院审理的一般要求，至于需要当事人同意，则仅仅是地方法院在线审理案件的前提条件。

D 选项错误，当选。根据《民事诉讼法》第 166 条的规定，人民法院审理下列民事案件，不适用小额诉讼的程序：①人身关系、财产确权案件；②涉外案件；③需要评估、鉴定或者对诉前评估、鉴定结果有异议的案件；④一方当事人下落不明的案件；⑤当事人提出反诉的案件；⑥其他不宜适用小额诉讼的程序审理的案件。本案涉及著作权侵权，而著作权纠纷中涉及发表权、署名权、修改权和保护作品完整权等人身著作权，必然涉及人身关系。另外，本案还涉及人身侵权。因此，本案不得适用小额程序。

39. 答案 C

精析 A 选项错误。先予执行只能依申请启动，不可以主动作出。

B 选项错误。先予执行只能在诉讼中申请，不可以在诉前申请。

C 选项正确。在先予执行中，法院可以让当事人提供担保；若当事人不提供担保，则驳回当事人的申请。

D选项错误。D选项比较特殊，法院裁定再审时，应同时裁定中止执行，但索要四费一金、劳动报酬的案件可以不中止执行。但是，先予执行的裁定是不能再审的，所以，法院裁定再审的行为是违法的。

40. 答案 AD

精析 本题考查的是送达的相关制度。

A选项当选。判决书可以留置送达。

B选项不当选。对下落不明的人只能公告送达，不可以留置送达。留置送达的前提是已经找到受送达人。

C选项不当选。调解书不可以留置送达。留置送达的前提是受送达人拒收，拒收则意味着其反悔，调解失败。

D选项当选。支付令可以留置送达，但不可以公告送达。留置送达支付令，债务人是可以看到支付令内容的。

41. 答案 AD

精析 本题考查的是调解协议和和解协议的效力，属于复杂考点。

A选项错误，当选。丁某和郑某第一次经过人民调解委员会调解后达成了人民调解协议，调解后是可以向法院起诉的，但是此时只能就人民调解协议起诉对方，要求对方履行协议或者承担违约责任，不可以再就原纠纷（侵权案件）向法院起诉。

B、C选项正确，不当选。在诉讼中，双方当事人达成和解协议，并且申请法院依据和解协议制作了调解书，向法院申请执行调解书的做法是正确的。这是因为和解协议永远没有强制执行力，不能据以执行。诉讼中的和解协议也没有合同约束力。

D选项错误，当选。在执行中，只能和解，不允许调解，也不允许依据和解协议制作调解书。执行和解协议达成后，可以申请法院执行原裁判，也可以就和解协议起诉，要求对方承担违约责任，但法院不得依据执行和解协议制作调解书。

42. 答案 ABD

精析 A、B、D选项当选。适用特别程序、督促程序、公示催告程序的案件，涉及身份关系确认的案件，以及其他依案件性质不能进行调解的民事案件，人民法院不予调解。

C选项不当选。仲裁程序中，既可以调解，也可以和解。

43. 答案 ABCD

精析 本题是对调解程序的综合考查。

A选项不正确，当选。调解不受处分原则的限制，调解协议超出诉讼请求范围依然有效。但是调解协议不得违反法律的禁止性规定。

B选项不正确，当选。担保人不签收调解书不影响调解书的效力，只要当事人签收了调解书，调解书就可以生效。

C选项不正确，当选。债务人拒不履行债务，债权人可以直接执行担保财产或者担保人财产，而不需要另行起诉担保人。

D选项不正确，当选。调解过程是保密的，即调解原则上不得公开进行，而非调解案件不开庭。

44. 答案 BC

精析 本题考查的是当事人起诉后，法院审查起诉的具体处理方式。

A选项不当选。赵某起诉要求支付寂寞孤单损失费，属于有具体的诉讼请求和事实理由，法院应予以受理。

B选项当选。由于甲不是合同关系的当事人，和本案没有直接的利害关系，因此不能作为适格当事人起诉，法院不应受理。

C选项当选。前后两次起诉当事人相同，诉讼标的相同。虽然两次起诉的诉讼请求不同，但是第二次起诉的诉讼请求一旦成立，前诉判决解除合同的结果即被否定（合同无效就没必要解除）。所以两次起诉构成重复起诉，对于第二次起诉，法院不应受理。

D选项不当选。虽然在6个月内，但是属于被告再次起诉离婚，不属于不受理的情况，应予受理。

45. 答案 D

精析 本题主要考查的是法院对于驳回起诉和驳回诉讼请求的运用，并且考查了诉讼中止、当事人和专家辅助人的诉讼地位。

在本题当中，原告张某曾因侵权纠纷起诉被告黄某，后来其再次起诉，主张有一块骨骼碎片未能取出。根据一事不再理的原则，若张某第二次起诉有新的事实，法院应当受理；若其第二次起诉没有新的事实，则法院应不予受理，受理之后应裁定驳回起诉。

所谓新事实，必须发生在第一次起诉裁判生效之后。在本案当中，若张某主张因第一次诉讼的侵权行为致使自己受伤，但发现骨骼碎片的事实系于第一次裁判生效后才发生（第一次裁判生效后才发现这个事实，第一次裁判作出前并不知道还有一块骨骼碎片），则根据张某的陈述，法院可以认定该事实属于新事实，应受理案件并进行审理。

但是，因为该碎片在10年前就已经存在于张某体内，这就说明，这块碎片并非黄某侵权造成的结果。也就是说，就黄某的侵权行为而言，因黄某侵权导致骨折引发的部分碎片尚未取出这一事实是并不存在的。因此，并不能认为这属于第一次裁判生效后发生的新事实，即此事实与黄某的侵权行为本身并不具备关联性，也就不能作为再次起诉黄某的合法理由。

当然，有些同学可能理解为，张某是就10年前的侵权行为起诉黄某，也就是说，如果原告所诉的事实是自己曾经（在10年前）受到过一次侵权，这次侵权造成了自己体内残留了一块骨骼碎片，10年前的这次侵权和去年的侵权并非“一事”，那么确实不会构成重复起诉。而且，黄某虽然不是适格当事人，但起诉的条件中本来也没有被告是正确的这一要求。这样推论的结果是，黄某不是本案所诉的10年前的侵权关系的主体，对该侵权关系造成的损害结果并不承担责任，因此，张某的诉讼请求无法得到法院的支持，应由法院判决驳回其诉讼请求。不过这不是题目表达的意思，题目中涉及的碎片残留并非去年的侵权行为造成的损害结果，张某起诉的是“去年黄某殴打自己导致骨折”的侵权行为，而非就10年前的侵权行为起诉（否则债务人已经获得了时效抗辩权）。因此，C选项中判决驳回诉讼请求是不能成立的，错误。

D选项正确。本案中，当事人所谓的新事实并不存在，因此，对于张某第二次起诉黄某的诉讼，应认定为构成重复起诉。D选项中所描述的裁定驳回起诉符合题意。

A选项错误。因为在本案中，吕医生出庭处理的是医院作为被告的医疗事故侵权纠纷，其并不是医院所聘任的专家，而是该医院的工作人员，所以吕医生是被告医院的委托代理人，而非专家辅助人。

B选项错误，错在“决定”诉讼中止，应为“裁定”诉讼中止。骨骼碎片到底是10年前的旧伤，还是去年黄某造成伤害的残留，对于本案的结果判断至关重要，属于前提性事实，因此，应先“裁定”黄某的诉讼中止，等待张某诉医院的医疗纠纷案件审结。在医疗纠纷案件中，自然会查明该碎片是旧伤还是新伤的诊疗失误。

46. 答案 BD

精析 本题考查的是《民法典》相关司法解释中关于代位权的最新规定。代位权是债的保全的重要组成部分，是一个比较传统的民法问题，但是司法解释对其有更加细致的规定，需要大家注意。本题依据的是《民法典合同编通则解释》第38、39条的规定。《民法典合同编通则解释》第38条规定，债权人向人民法院起诉债务人后，又向同一人民法院对债务人的相对人提起代位权诉讼，属于该人民法院管辖的，可以合并审理。不属于该人民法院管辖的，应当告知其向有管辖权的人民法院另行起诉；在起诉债务人的诉讼终结前，代位权诉讼应当中止。《民法典合同编通则解释》第39条规定，在代位权诉讼中，债务人对超过债权人代位请求数额的债权部分起诉相对人，属于同一人民法院管辖的，可以合并审理。不属于同一人民法院管辖的，应当告知其向有管辖权的人民法院另行起诉；在代位权诉讼终结前，债务人对相对人的诉讼应当中止。

概括一下，如下图所示：

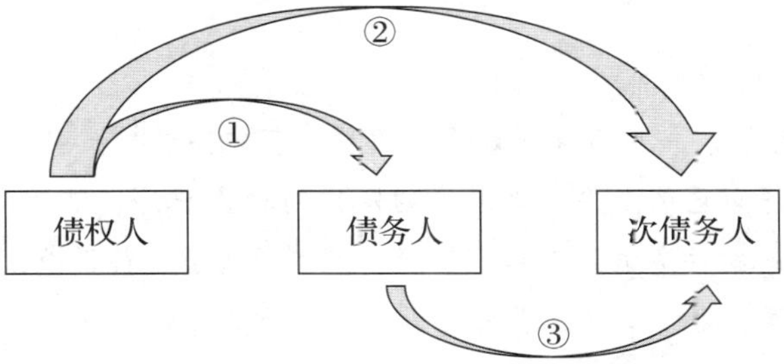

[**结论**]

①+②+有管辖权=合并审理

①+②+无管辖权=告知另诉+②诉讼中止

②+③（超额部分）+有管辖权=合并审理

②+③（超额部分）+无管辖权=告知另诉+③诉讼中止

A选项错误，B选项正确。A、B选项中，债权人起诉了债务人，又将次债务人诉至同一法院，这就不构成重复起诉，因为在两诉当中当事人并不相同。所以法院完全可以把两诉合并审理。

C选项错误。若分别在两个法院提起诉讼，则在债权人起诉债务人的诉讼审结前，应先将债权人起诉次债务人的诉讼中止。这是因为，第一个诉讼是第二个诉讼的前提，如债权人不能向债务人主张权利，自然就不能向次债务人主张权利。只不过大家需要注意，一旦债权人从次债务人处得到了全部清偿，此时就不能再向债务人主张清偿。而能否将债权人诉债务人和债权人诉次债务人的两个诉讼合并审理，取决于受案法院对于这两个诉讼是否都有管辖权。本案应由被告住所地法院管辖，而两个诉讼的被告住所地又不一致，所以A地法院并非对两个诉讼都有管辖权，确实应当告知甲另行起诉。不过，不能平行审理，而是要将债权人诉次债务人的案件诉讼中止。

D选项正确。因为债权人向次债务人主张债权后，债务人依然可以向次债务人主张其清偿债权人之后的剩余债权。

47. 答案 D

精析 本题是对答辩期和举证期的综合考查。

A选项错误。当事人逾期举证，只要该证据和案件基本事实相关，法院就应对该证据组织质证，只不过，对于举证的主体，可以适用相应的强制措施。

B选项错误。在答辩期内被告没有提出管辖权异议的，必须同时应诉答辩，才会视为该法院有管辖权。

C选项错误。当事人要申请法院延长举证期限，必须在举证期届满之前提出申请。

D选项正确。答辩期完全届满之后才能开始计算举证期，也就是说，答辩期在先，举证期在后。

48. 答案 D

精析 A选项错误。一审普通程序开庭审理的基本要求是：组成合议庭，开庭审理。一般的适用普通程序审理的案件，当事人约定适用简易程序，法院同意的，可以将本应适用普通程序审理的案件适用简易程序审理。但本题属于公益诉讼，不得适用简易程序审理。

B选项错误。由于本案属于公益诉讼，因此必须由3个法官和4个陪审员组成七人合议庭，开庭审理。不是“可以由”，而是“必须由”。

C选项错误。提起消费侵权公益诉讼的主体应该是省级以上的消协，市级消协无权提起公益诉讼。

D选项正确。对于涉及公共利益的证据，法院可以依职权调取。

49. 答案 D

精析 最高人民法院颁布的《人民法院在线诉讼规则》无疑是法考的重要范畴，而电子诉讼更是我国诉讼形式改革的重要方向。在线诉讼应和传统诉讼具有等值性。

A选项正确，不当选。适用在线庭审的案件，应当按照法律和司法解释的相关规定公开庭审活动。对涉及国家安全、国家秘密、个人隐私的案件，庭审过程不得在互联网上公开。对涉及未成年人、商业秘密、离婚等民事案件，当事人申请不公开审理的，在线庭审过程可以不在互联网上公开。

B选项正确，不当选。未经当事人及其他诉讼参与人同意，人民法院不得强制或者变相强制适用在线诉讼。当事人已同意对相应诉讼环节适用在线诉讼，但诉讼过程中又反悔的，应当在开展相应诉讼活动前的合理期限内提出。经审查，人民法院认为不存在故意拖延诉讼等不当情形的，相应诉讼环节可以转为线下进行。

C选项正确，不当选。适用在线诉讼的案件，各方诉讼主体可以通过在线确认、电子签章等方式，确认和签收调解协议、笔录、电子送达凭证及其他诉讼材料。

D选项错误，当选。部分当事人同意适用在线诉讼，部分当事人不同意的，相应诉讼环节可以采取同意方当事人线上、不同意方当事人线下的方式进行。

50. 答案 B

精析 A选项不当选。法院依职权调取的证据不需要质证，但依申请调取的证据则需要质证。A选项只说通话记录是法院调取的，却未标明取得的方式。

B选项当选。当事人在开庭前认可的证据不需要质证。

C选项不当选。涉及国家秘密的证据需要质证，但是不得公开质证。

D选项不当选。判决书本身是需要质证的，但若判决书被认定为具有真实性、关联性和合法性，则判决书中认定的事实不需要质证。

51. [答案] ABCD

[精析] 本题考查的是诉讼中出现各种特殊情况时，法院的处理方式。

A 选项不正确，当选。强奸案件并不是审理离婚案件的前提，分别审理就可以，没必要中止离婚案件，等待强奸案件的审理结果。

B 选项不正确，当选。当事人因正当事由无法参加庭审，而时间是可以预期的，所以延期审理没问题，但是应“决定”延期审理，而不是“裁定”。

C 选项不正确，当选。本案属于离婚案件，所以，二审中当事人死亡的，应裁定诉讼终结。由于本案当事人已经上诉，因此一审判决不生效，二审诉讼终结后，一审判决保持不生效的状态。

D 选项不正确，当选。高某属于证人，证人不到庭，可以延期审理。只有当事人不到庭的，才能适用诉讼中止。

52. [答案] C

[精析] 本题考查的是裁定，综合性非常强。这也体现了法考民诉部分出题的一个趋向：越来越重视知识的横向比较和整合。

本题以裁定作为载体，应明确三个问题：

(1) 裁定是处理程序问题的，驳回诉讼请求应该用判决。与决定进行对比，决定处理诉讼中的一些特殊情形，一般是为保障诉讼进行。民诉中决定的使用较为特殊，建议单独记忆，最常考查的就是延期审理决定，拘留、罚款决定和回避决定。但裁定并非只处理程序问题，比如先予执行裁定，就处理了涉及实体的问题。

(2) 因为裁定处理程序问题，一般不具有对世性，通常只约束诉讼参与人；而判决涉及实体问题，在某些问题上效力渗透至案外人，如所有权确权的判决，这样的判决中确认的事实可以作为预决事实而免除当事人举证责任。

(3) 对民事诉讼裁定的救济有三种方式：复议、上诉和再审。并非所有裁定都能上诉。在法考考查中，主要是不予受理、驳回起诉和处理管辖权异议的裁定可以上诉。

综上，本题 C 选项正确。

53. [答案] AB

[精析] 财产权益纠纷的双方当事人可以在书面合同中协议选择被告住所地、合同履行地、合同签订地、原告住所地、标的物所在地等与争议有实际联系的地点的人民法院管辖，但不得违反《民事诉讼法》对级别管辖和专属管辖的规定。

A、B 选项当选。举证期限可以由法院指定，也可以由当事人协商约定；合同案件的管辖法院可以由当事人协商确定。

C、D选项不当选。案件是否开庭审理以及举证责任的分配均由法律直接予以规定，不能由当事人协商确定。

54. [答案] ABCD

精析 本题涉及《民事诉讼法》中有关虚假诉讼的内容的修正。

A选项不正确，当选。乙所主张的事实对自己不利，故而确实构成自认。但是，由于乙属于本案的当事人，其对案件事实的陈述属于当事人陈述，而当事人陈述本身就属于证明案件事实的法定证据。

B选项不正确，当选。若二审法院查明借款6000元的借条系伪造，但5000元借款事实清楚（有借条和转账记录印证），根据《民事诉讼法》第177条第1款的规定，可直接改判乙偿还5000元，无需发回重审。发回重审仅适用于基本事实不清或程序严重违法的情形。

C选项不正确，当选。C选项是一个比较复杂的选项。2023年《民事诉讼法》修正的内容明确了法官助理也属于回避的对象，这一点是比较新的考查内容。但是C选项所涉及的知识点还不限于此。如果二审法院发现一审程序中应当回避的法官助理没有回避，那么一审程序是不是严重违反法定程序呢？并不是。立法当中明确规定的严重违反法定程序的情形包括审判员应回避而未回避，这是因为审判员对于审理结果是有决定性作用的，在案件当中处于最关键的诉讼地位。而法官助理则不具备这样的地位。所以，审判员应回避而未回避的，会被法院认定为属于严重违反法定程序；法官助理应回避而未回避的，只属于违反法定程序。这二者的区别在于：若严重违反法定程序，不管最后的裁判结果是正确的还是错误的，都要把案件发回重审；但是若仅仅属于违反法定程序，就要观察最后裁判结果的正确性。如果虽然违反了法定程序，但是最后的裁判结果并没有错误，就不需要发回重审了。

D选项不正确，当选。D选项直接考查虚假诉讼的认定。要注意，根据《民事诉讼法》第115条的规定，当事人之间恶意串通，企图通过诉讼、调解等方式侵害国家利益、社会公共利益或者他人合法权益的，人民法院应当驳回其请求，并根据情节轻重予以罚款、拘留；构成犯罪的，依法追究刑事责任。当事人单方捏造民事案件基本事实，向人民法院提起诉讼，企图侵害国家利益、社会公共利益或者他人合法权益的，适用前款规定。其中，第2款明确增设了当事人单方捏造民事案件基本事实提起诉讼也会构成虚假诉讼的规定，即单方虚假诉讼也属于虚假诉讼的范畴。

55. [答案] BD

精析 本题考查的是简易程序的适用范围。

A 选项不当选。起诉时被告下落不明的案件不能适用简易程序，开庭时被告下落不明的案件可以适用简易程序。

B 选项当选。发回重审和再审的案件不得适用简易程序，按照一审程序审理时，必须适用普通程序。

C 选项不当选。小额诉讼程序本身适用的就是简易程序。

D 选项当选。认定财产无主案适用非讼程序，不得适用属于诉讼程序的简易程序。

56. [答案] ACD

[精析] A 选项当选。小额诉讼程序只能适用于金钱给付案件。因财产的金额具有不确定性，财产确权及财产给付案件不得适用小额诉讼程序。

B 选项不当选。虽然交通事故侵犯人身权，涉及人身权益，但是责任清楚、争议仅为金钱给付部分的，也可以适用小额诉讼程序。

C 选项当选。中级人民法院审理的案件不得适用简易程序，当然也不得适用小额诉讼程序。

D 选项当选。发回重审和再审的案件一律不得适用简易程序，当然也不得适用小额诉讼程序。

57. [答案] ABCD

[精析] A、B 选项错误，当选。A、B 选项考查了一个问题的两个方面。首先，因口头自认必须发生在诉讼过程中，书面自认形成于起诉状、答辩状或代理词中，而该承认并非发生在诉讼过程中，不构成自认，主张该事实成立的当事人仍然需要提供证据对该事实进行证明。其次，《消费者权益保护法》第 23 条第 3 款规定，经营者提供的机动车、计算机、电视机、电冰箱、空调器、洗衣机等耐用商品或者装饰装修等服务，消费者自接受商品或者服务之日起 6 个月内发现瑕疵，发生争议的，由经营者承担有关瑕疵的举证责任。因此，本案中，当事人开车回家后，第二天发现车辆发动机漏油，应由被告承担有关瑕疵的举证责任。在案件事实真伪不明的情况下，法院应判决被告败诉。这样看，B 选项肯定是错误的。A 选项，原告确实不必对车辆存在瑕疵的事实负担证明责任，但其不承担证明责任并非因为 4S 店承认该车辆存在瑕疵。所以，A 选项在逻辑上不成立。

C 选项错误，当选。本案当事人对诉前鉴定有争议，要求重新进行鉴定，不得适用小额诉讼程序。

D 选项错误，当选。本案属于产品瑕疵纠纷，不存在侵权纠纷，故原告只能以合同起诉。所以，侵权结果发生地法院对本案没有管辖权。

58. [答案] ACD

精析 小额诉讼程序一审终审，一审判决作出就生效。对于生效的判决，当事人可以申请再审，却不可以上诉。本题考查的是错误适用小额诉讼程序的救济。

A选项当选，B选项不当选。法院错误适用小额诉讼程序，导致当事人无法上诉，其上诉权被剥夺。因此，立法允许当事人在首次开庭前提出异议，而不是在辩论终结前。

C选项当选。一般而言，对于小额诉讼程序再审得到的判决，原则上是不能上诉的，只有以错误适用小额诉讼程序为由启动再审时，再审得到的判决才可以上诉。

D选项当选。小额诉讼程序的举证期不得长于7天，而普通程序的举证期不得少于15天，应适用普通程序的案件却适用了小额诉讼程序，举证期当然被缩短了。

59. 答案 D

精析 A选项错误。本案属于专利纠纷，在北京发生，只能由北京知识产权法院管辖。

B、C选项错误。本题中存在共同诉讼人甲、乙，而在一审判决中，甲、乙存在着责任份额的划分。按照我以前讲的基本原则，本题中，上诉的是甲和丁，则甲和丁本应作为上诉人。但是大家要注意到，丁在本案中是作为无独三参加诉讼的，而且在诉讼中，无独三丁没有被判决承担责任，所以，丁无权作为上诉人。甲仅仅是对乙不满，认为乙承担的份额少，所以乙作为被上诉人。至于丙，应列为原审原告。

D选项正确。只要提交了上诉状，上诉就已经成功，若上诉人没有缴纳上诉费，则法院可以按照撤回上诉处理。

60. 答案 B

精析 在本题中，首先要判断相关主体撤的究竟是什么诉。本案中，原告是刘某，上诉人是王某，所以刘某撤回的是起诉，王某撤回的是上诉。

A选项错误。本案已经进入了二审程序，一旦原告刘某撤回起诉，则一、二审程序终结，同时撤销一审裁判，但是为了节省司法资源，不允许原告再行起诉。

B选项正确，C、D选项错误。若王某撤诉，则撤回的是上诉，一审判决随即生效。因此，不可以再针对一审判决上诉。一审判决产生既判力，也不能再针对原纠纷起诉。而和解协议永远没有强制执行力，所以也不能申请执行和解协议。

61. 答案 D

精析 关于二审的审理方式，谨记两句话：上诉合议庭，原则开庭审理。

A选项错误。关于二审的审理范围，谨记两句话：不告不理，有错必究。二审法院围绕上诉请求审理，当事人没请求的，法院原则上不予处理，但若一审判决损害国家、社会、他人利益或者确有错误，当事人没请求的，法院也处理。

B选项错误。审理上诉案件，原则上应当开庭，但是满足法定条件（程序错误、法律适用错误或者上诉请求明显不能成立）的，可以不开庭审理。

C选项错误。当事人在一审中的行为在二审中依然具备约束力，当事人若要推翻，必须说明原因。

D选项正确。发回重审后，一审的审判人员要回避；当事人又上诉的，二审合议庭的组成人员可以再次参加上诉案件的审理。

62. 答案 C

精析 二审判决考查的内容非常琐碎和细致，大家要认真区别。

A选项错误。原判决仅仅是有瑕疵，但是结果是正确的，应该纠正瑕疵，维持原判决。

B选项错误。原判决适用法律有错误的，应依法改判，而非发回重审。

C选项正确。一审判决基本事实认定不清的，可以依法改判，也可以发回重审。

D选项错误。原审原告在二审中增加新的诉讼请求的，法院不能一并判决，应调解；调解不成的，告知原告另行起诉。

63. 答案 D

精析 A选项错误。根据我国《民事诉讼法》的规定，二审判决为终审判决，自判决书送达当事人之日起生效，而非等待履行期届满后才生效。因此，二审判决的生效时间与履行期无关。

B选项错误。一审判决书中将乙公司名称误写为“丙公司”是笔误，属于形式错误，应通过《民事诉讼法》第157条第1款第7项规定的裁定补正程序解决，而非申请再审。再审程序针对的是实体或程序上的重大错误，而非文书笔误。

C选项错误。二审中当事人自行达成和解协议但未请求法院制作调解书或申请撤诉的，法院仍需依法继续审理并作出判决（《民事诉讼法》第241条）。因此，法院作出二审判决符合法律规定。

D选项正确。根据《民诉解释》第163条的规定，法律文书生效后、进入执行程序前，债权人可因紧急情况（如对方转移财产）向执行法院申请保全。本案中，二审判决已生效，但履行期尚未届满，甲公司有权在15日履行期内申请保全乙公司财产，以防止执行困难。

64. 答案 D

精析 A选项错误。本案中，借款纠纷属于金钱给付案件，区法院属于基层法院，独任审理属于简易程序，500元属于金额较小，所以原审适用的是小额诉讼程序。因此，当事人只能向原审基层法院申请再审。

B选项错误。法院受理了再审申请，只是进入了再审的审查程序，此时尚未裁定再审，没有进入再审的审理程序，不需要中止执行。只有裁定再审的时候才需要中止执行。

C选项错误。专属管辖错误不是申请再审的法定事由，法院不应受理再审申请。

D选项正确。基层法院一审终审后，双方当事人均为公民的，可以向原审法院A县法院或者其上级法院申请再审。

65. 答案 AC

精析 A选项正确，B选项错误。本案由基层法院审理，适用简易程序，诉讼标的额小，可以判断出本案适用的是小额诉讼程序。所以，当事人只能向原审基层法院申请再审，即姜冬梅只能向北山县法院申请再审。

C选项正确。北山县法院再审时，不得适用简易程序审理，应按照一审普通程序审理，可以吸收陪审员。

D选项错误。对小额诉讼程序再审得到的判决，只有因为错误适用小额诉讼程序才可以上诉，而本案再审的事由是有新证据，故得到的再审判决不可以上诉。

66. 答案 ACD

精析 A选项不正确，当选。一个当事人就一个案件只能请求检察监督1次，所以在申请抗诉被驳回后，不允许再次申请检察建议。

B选项正确，不当选。抗诉的程序操作是，上级检察院对下级法院提出抗诉。所以M县检察院在本案中无权提出抗诉，应由M县检察院的上级检察院提出抗诉。

C选项不正确，当选。法院在接到检察院抗诉书之日起30日内必须裁定再审，而非裁定是否再审。

D选项不正确，当选。检察院对调解书提出抗诉的情况是调解书损害了国家、社会公共利益，而非违反了自愿、合法原则。

67. 答案 AB

精析 A、B选项正确。检察院提起公益诉讼处于第二顺位，只有在没有其他法定主体或者其他法定主体不起诉时，检察院才可以提起公益诉讼；若法定主体起诉，则检察院不能起诉，但可以支持起诉。检察院进行检察监督以当事人向法院申请再审为前提。只有法院逾期未对再审申请作出裁定，法院驳回再审申请，再审判决、裁定有明显错误时，检察院才能依当事人的申请启动抗诉程序。

C选项错误。检察院提起公益诉讼时，作为法定的原告，确实是以当事人身份参加诉讼，且应出席庭审。但检察院提出抗诉时，并不属于民事诉讼的当事人，其需要出庭，但出庭的目的是支持抗诉。

D选项错误。若检察院撤回抗诉，再审程序终结，但原审判决之前就已经生效。

68. 答案 CD

精析 A选项正确，不当选。检察监督原则上及于整个民事诉讼程序，既包括审判程序，也包括执行程序。

B选项正确，不当选。在审判阶段和执行阶段，检察院都可以对法官的违法行为提出检察建议。督促程序也属于审判程序，因此，对于督促程序中的法官的违法行为，检察院也可以提检察建议。

C选项错误，当选。法院作出驳回再审申请的裁定后，当事人可以在2年内向检察院申请抗诉。此处的“2年”属于绝对不可变期间，不可以中止、中断或者延长。

D选项错误，当选。宣告死亡案件适用非讼程序，非讼程序的判决不能再审，故检察院无权对宣告死亡案件的判决提出再审检察建议。

69. 答案 C

精析 A选项错误。陈某虽然不是本案一、二审的当事人，但是依然可以参加再审程序。正是因为再审中发现遗漏了应参加诉讼的陈某，才进行追加。

B、C选项是矛盾项，B选项错误，C选项正确。再审发现漏人的，应调解；调解不成的，撤销原判，发回重审，而非告知另行起诉。因为原审存在错误（漏人），必须发回重审予以纠正。

D选项错误。再审发回重审后，原则上不允许当事人增、变、反，而本案也不存在允许当事人增、变、反的情况。

70. 答案 B

精析 A选项错误。被告在二审中也可以提出反诉，只是对于反诉，二审法院不可以直接合并审理而已。

B选项正确。诉讼代表人上诉和反诉不需要征得被代表人的同意。但是，诉讼代表人承认诉讼请求，放弃、变更诉讼请求，与对方和解，必须事先征得被代表人的同意。

C选项错误。本诉和反诉之间的牵连关系有三种情况，除了属于同一法律关系或者基于同一原因事实之外，还有本诉和反诉之间有因果关系，并非必须属于同一法律关系或者基于同一原因事实。

D选项错误。反诉提出的时间限制是本诉存续期间，这样本诉和反诉才能合并审理。本诉存续是以辩论终结为限，所以本诉辩论终结前，都可以提出反诉。

71. 答案 BD

精析 A选项错误。增变反都应在本诉辩论终结前提出，而不是在本诉答辩期终结前。

B选项正确。本诉和反诉合并审理要求审理本诉的法院对反诉也要有管辖权。即便审理本诉的法院对反诉没有法定管辖权，也会因为本诉和反诉之间的牵连关系取得管辖权，最终具有管辖权。

C选项错误。本诉和反诉的当事人的地位并非相同，而是恰好相反。本诉的原告是反诉的被告。

D选项正确。D选项考查的是管辖权恒定原则，只要起诉时法院有地域管辖权，不管确定管辖的因素因何种原因发生变化，受案法院都不会丧失地域管辖权。

72. 答案 ACD

精析 本题是对漏人、漏判和二审增变反问题的综合考查。

A选项不正确，当选。丙作为必要共同诉讼人，在一审中被遗漏，二审中，即便丙放弃上诉权，二审法院也不允许直接判决，只能调解；调解不成的，将案件发回重审。

B选项正确，不当选。允许当事人在二审中增、变、反。但必要共同诉讼人变更诉讼请求会对其他共同诉讼人产生影响，所以，必须征得其他共同诉讼人同意。

C选项不正确，当选。二审中增加新的诉讼请求的，二审法院应调解；调解不成的，告知另诉。但是本案涉及的并非二审，而是再审，再审对新增加的诉讼请求一律不予处理。

D选项不正确，当选。二审调解结果变更了一审判决内容的，调解书生效后，一审判决视为撤销，在调解书中根本不用写明“撤销原判”这样的话。

73. 答案 C

精析 本题是一道管辖和诉讼程序的综合运用题目，依次考查了两个考点，分别是变更诉讼请求的要件和管辖权恒定。这两个要点应是我们学习和掌握的重中之重。

C选项当选。本题中有一个关键信息，那就是当事人诉讼行为作用的时间——“法庭辩论终结后”，当事人才变更诉讼请求。而当事人申请变更诉讼请求，必须在法庭辩论终结前。这就说明当事人申请变更诉讼请求时已经超过法定的时限，那么，法院可以不允许其变更诉讼请求，直接按照原诉讼请求进行判决。

值得说明的问题是，如果当事人在法庭辩论终结前变更诉讼请求为给付1.5亿元，因为是当事人主观原因导致的变更，会使得该基层法院丧失管辖权，则该基层法院必须将案件移送给上级法院管辖。相关的法律依据可以参照《民诉解释》第39、232条的规定。《民诉解释》第39条规定，人民法院对管辖异议审查后确定有管辖权的，不因当事人提起反诉、增加或者变更诉讼请求等改变管辖，但违反级别管辖、专属管辖规定的除外。人民法院发回重审或者按第一审程序再审的案件，当事人提出管辖异议的，人民法院不予审查。《民诉解释》第232条规定，在案件受理后，法庭辩论结束前，原告增加诉讼请求，被告提出反诉，第三人提出与本案有关的诉讼请求，可以合并审理的，人民法院应当合并审理。

74. [答案] B

[精析] 本题是对环境污染公益诉讼的综合考查。

A选项错误。在公益诉讼当中，可以撤诉，但是撤诉要在辩论终结前提出，一旦辩论终结，就不允许撤诉。另外，不得以和解为由撤诉。和解之后，只能依据和解协议制作调解书结案。

B选项正确。对于公益诉讼案件需要的证据，法院是可以主动调查、收集的。但是，污染结果和排污行为之间因果关系不明的，应由被告向阳化工厂承担证明责任。

C选项错误。对于环境污染公益诉讼的判决，法院应依职权主动执行。

D选项错误。D选项比较有迷惑性，因为污染的是渤海海面，所以应由海事法院管辖。

75. [答案] ACD

[精析] A选项不正确，当选。公益诉讼的原告起诉后，并非不可以撤诉，只是不能在辩论终结后撤诉、不得以和解为由撤诉。因为公益诉讼的公益属性，立法限制了当事人的撤诉权，并非剥夺了当事人的撤诉权。

B选项正确，不当选。公益诉讼启动后，被侵权主体有权提起普通的侵权诉讼保护自己的合法权益。代表人诉讼和公益诉讼有着本质的区别。代表人诉讼属于私益诉讼类型。

C选项不正确，当选。提起公益诉讼只要求有公益受损的初步证据，并不要求该证据充分。

D选项不正确，当选。在相关法定主体起诉后，其他法定主体也可以起诉，列为共同原告。但是检察院则不然，其他组织不起诉时，检察院才可以起诉。

76. [答案] D

[精析] D选项当选。本题考查的是案外人的救济。按照我讲授的做题思路，要先看本案处于何种阶段。题目中表明法院已经采取了执行措施，即在执行程序当中。再观察，高小云本身没有参加诉讼，所以属于案外人。高小云对黄金假牙摆件主张独立的所有权，所以，高小云属于案外第三人。法院调解书中确定翡翠假眼归李二所有，李二需要支付给向大20万元人民币，而该调解书本身没有涉及黄金假牙摆件，所以，黄金假牙摆件这个标的物和原调解书无关，即原调解书本身没有错误。法院可以执行调解书中要求李二支付的20万元人民币，但不应该执行属于案外人的财产。在原调解书没有错误的情况下，

案外第三人不需要申请再审或者提起第三人撤销之诉，所以应先提出案外人异议，若异议被驳回，可以提起案外人异议之诉。

77. 答案 B

精析 本题考查的还是案外人的救济，我们继续按照上述思路作答。

B选项当选，D选项不当选。首先，罗大香没有参加诉讼，属于案外人。其次，罗大香对执行标的物翡翠假眼主张独立的请求权，属于典型的案外第三人。另外，法院调解书中确定翡翠假眼归李二所有，即标的物是翡翠假眼，执行的标的物也是翡翠假眼。若执行标的物本身是错误的，则调解书也是错误的（因为法院不应允许将案外人的财产调解为当事人的，这样会侵害案外人的利益）。所以，第三人罗大香可以先提出异议，后申请再审，或者直接提起第三人撤销之诉。

A选项不当选。案外人异议必须是在执行程序中才可以提出，本案已经执行完毕，所以就不能再提出案外人异议。

C选项不当选。因为生效调解书的存在（调解书已经明确了该标的物归李二所有），C选项中的救济方式没有任何意义，罗大香无法获得胜诉。

78. 答案 BCD

精析 本题比较复杂。

B选项正确。在本案中，存在当事人郑某、侯某和案外人叶某。首先，判断案外人的角色。叶某主张所有权，所以叶某属于典型的案外第三人。其次，法院把相机判给了原告郑某，若相机真的属于叶某，则法院的判决本身也是错的。在这种情况下，叶某要主张权利，只能提起第三人撤销之诉，那么其应向作出生效判决的平谷区法院起诉，别无他法。

A选项错误。侯某之所以没有上诉，是因为他被打晕了，这属于正当理由。侯某可以在醒来后的10日内申请顺延上诉期，但是法院绝对不能主动顺延上诉期。

C选项正确。在叶某提起第三人撤销之诉后，侯某向法院申请再审。由于本案属于基层法院一审终审，所以在侯某向上级法院申请再审的时候，只能由上级法院提审。上级法院提审的，一律适用二审程序。而叶某又提起了第三人撤销之诉。当对同一案件的再审和第三人撤销之诉出现竞合的时候，应将第三人撤销之诉并入再审，只进行再审程序。而在再审适用的二审程序中，在满足法定条件时，可以不开庭。这种法定条件指的是，人民法院审理再审案件应当组成合议庭开庭审理，但按照第二审程序审理，有特殊情况或者双方当事人已经通过其他方式充分表达意见，且书面同意不开庭审理的除外。

D选项正确。本案应按照二审程序进行再审，同时必须追加被遗漏的案外第三人叶某。在二审程序中追加被遗漏的当事人，应先调解；调解不成的，发回重审。

79. [答案] C

[精析] A 选项错误。本案属于涉外民事诉讼，没有审限的规定。

B 选项错误。因为乔伊住在中国境内，所以其上诉期为 15 日，而非 30 日。

C 选项正确。涉外送达是对不在中国境内居住的当事人送达适用的方式，乔伊在中国境内居住，不存在涉外送达的问题。

D 选项错误。乔伊在中国也享有聘请律师的权利，这是根据同等原则，而非平等原则。

80. [答案] BC

[精析] A 选项错误。选民资格案属于宪法诉讼案件，不是非讼案件，也并非民事诉讼案件。

B 选项正确。在特别程序中，不存在原被告，因为特别程序均不属于民事诉讼程序。

C 选项正确。适用特别程序审理的案件不能上诉。

D 选项错误。在特别程序中，选民资格案、标的额超出基层法院管辖的实现担保物权案、重大疑难案必须组成合议庭审理。

81. [答案] ABCD

[精析] A 选项错误，当选。因为云姐并非本案被起诉人，应该称之为"有关公民"。

B 选项错误，当选。本案属于宪法诉讼，不要求向某和本案有直接利害关系。

C 选项错误，当选。选民资格案的审理，只能由审判员组成合议庭，而非审判人员。审判人员中包括陪审员，但是选民资格案的审理不允许吸收陪审员。

D 选项错误，当选。审理选民资格案作出的是判决，而非裁定。

82. [答案] D

[精析] 本题考查的是关于指定遗产管理人特别程序的内容，综合考查了指定遗产管理人程序的管辖和具体的程序规则。

A 选项错误。A 选项考查的是指定遗产管理人特别程序的地域管辖。根据《民事诉讼法》第 194 条第 1 款的规定，对遗产管理人的确定有争议，利害关系人申请指定遗产管理人的，向被继承人死亡时住所地或者主要遗产所在地基层人民法院提出。大家可以发现，指定遗产管理人案件的地域管辖和遗产继承纠纷在诉讼时的地域管辖是一致的，均由被继承人死亡时住所地和主要遗产所在地基层法院管辖。而在 A 选项中，表达的是向申请人住所地的基层法院提出，该地法院对本案无管辖权。

B 选项错误。B 选项考查的是遗产管理人的撤销和变更问题。根据《民事诉讼法》第 197 条的规定，遗产管理人违反遗产管理职责，严重侵害继承人、受遗赠人或者债权人合法权益的，人民法院可以根据利害关系人的申请，撤销其遗产管理人资格，并依法指定新的遗产管理人。也就是说，遗产管理人严重侵害继承人合法权益的，属于因遗产管理人的主观过错导致的问题，由利害关系人向法院申请撤销其管理人资格；只有当遗产管理人因客观原因无法继续履行遗产管理职责的时候，才由利害关系人向法院申请变更遗产管理人。回到本案当中来，B 选项是标准的主观原因导致遗产管理人不适于再履行管理职责，所以应向法院"申请撤销"，而不是"提起诉讼"。

C 选项错误。C 选项是非常具有迷惑性的，很多同学认为胡某属于有独三，故可以提起第三人撤销之诉。这样大家就忽略了指定遗产管理人案件的特别程序性质。对于特别程序的裁定，是不能够通过提起第三人撤销之诉予以撤销的。如果认为该裁定是错误的，应当直接向法院提出异议。

D 选项正确。由于指定遗产管理人案件属于特别程序，因此，人民陪审员不得参与本案审理。需要注意，即便像选民资格案这样必须要组成合议庭的案件，也不得吸纳人民陪审员参与审理。

83. 答案 AD

精析 本题很简单，就是对《民法典》相关司法解释的考查。

A 选项正确，B 选项错误。根据《最高人民法院关于适用〈中华人民共和国民法典〉总则编若干问题的解释》第 15 条的规定，失踪人的财产代管人向失踪人的债务人请求偿还债务的，人民法院应当将财产代管人列为原告。债权人提起诉讼，请求失踪人的财产代管人支付失踪人所欠的债务和其他费用的，人民法院应当将财产代管人列为被告。经审理认为债权人的诉讼请求成立的，人民法院应当判决财产代管人从失踪人的财产中支付失踪人所欠的债务和其他费用。也就是说，此时的财产代管人对于失踪人的财产拥有代管权，由此取得了对于相关诉讼的诉讼实施权，属于适格原告或者被告，这在学理上称为非权利义务关系主体当事人；而财产代管人代替失踪人成为诉讼当事人的制度，称之为诉讼担当。

C 选项错误，D 选项正确。根据《最高人民法院关于适用〈中华人民共和国民法典〉总则编若干问题的解释》第 28 条的规定，同时符合下列条件的，人民法院可以认定为《民法典》第 172 条规定的相对人有理由相信行为人有代理权：①存在代理权的外观；②相对人不知道行为人行为时没有代理权，且无过失。因是否构成表见代理发生争议的，相对人应当就无权代理符合前款第 1 项规定的条件承担举证责任；被代理人应当就相对人不符合前款第 2 项规定的条件承担举证责任。这个法条非常清楚地说明了双方当事人对不同的待证事实分担证明责任，基本上还是"谁主张权利成立，谁承担证明责任"。

84. 答案 BCD

精析 A 选项正确，不当选。达成人民调解协议后，依然可以向法院起诉，但是此时只能依据调解协议起诉对方当事人，要求对方履行或承担违约责任。

B选项不正确，当选。确认人民调解协议，必须双方当事人共同申请。

C选项不正确，当选。人身关系的解除或确权，物权、知识产权的确权，达成人民调解协议后，法院不予确认。

D选项不正确，当选。法院确认人民调解协议后，当事人可以依据确认人民调解协议的裁定申请执行，而不是依据人民调解协议申请执行。

85. 答案 C

精析 2021年《民事诉讼法》进行了修正，其中，确认人民调解协议案是修正的一个重点。

A选项错误。2021年修正后的《民事诉讼法》第201条（现为第205条）规定："经依法设立的调解组织调解达成调解协议，申请司法确认的，由双方当事人自调解协议生效之日起30日内，共同向下列人民法院提出：①人民法院邀请调解组织开展先行调解的，向作出邀请的人民法院提出。②调解组织自行开展调解的，向当事人住所地、标的物所在地、调解组织所在地的基层人民法院提出；调解协议所涉纠纷应当由中级人民法院管辖的，向相应的中级人民法院提出。"2021年修正后的法条的规定相对于2021年修正前的《民事诉讼法》的规定有两点突破：①确认人民调解协议涉案金额非常大、达到中级法院管辖标准的，应当向中级法院申请确认人民调解协议的效力；而按照2021年修正前的《民事诉讼法》的规定，确认人民调解协议案的级别管辖都在基层法院。②以前要确认人民调解协议的效力，只能向调解组织所在地法院申请管辖，非常单一，不利于当事人行使权利；而2021年修正后的《民事诉讼法》将可以确认人民调解协议效力的法院扩展至当事人住所地、标的物所在地和调解组织所在地法院，大大地降低了当事人申请确认调解协议的难度。回到本题中来，因为本案中人民调解协议的涉案金额非常大，已经超过了基层法院管辖的范围，所以本案应当向中级法院申请确认人民调解协议的效力，而不是向基层法院。

B选项错误。本案是确认人民调解协议案，性质上属于非讼程序，一旦法院驳回了孙某的异议，孙某就无权再向检察院申请抗诉。对于非讼程序作出的裁定，检察院是不能够对其进行抗诉来启动再审的，因为非讼程序的裁定就是不能再审的。

C选项正确。《民事诉讼法》第90条第1款规定："经受送达人同意，人民法院可以采用能够确认其收悉的电子方式送达诉讼文书。通过电子方式送达的判决书、裁定书、调解书，受送达人提出需要纸质文书的，人民法院应当提供。"2021年修正的《民事诉讼法》一改以前的做法，允许对法院作出的裁定、判决、调解书适用电子送达。

D选项错误。本案适用非讼程序，虽然提高了它的级别管辖，即由中级法院管辖，但是按照非讼程序的性质，仍然应当由中级法院适用独任制，由1名审判员审理，这一点未发生任何变化。

86. 答案 AC

精析 A选项正确。万方汽修厂属于担保物权人，鲁某是财产被留置的人，都有权请求法院实现担保物权。

B选项错误。即便实现担保物权案标的额超过了基层法院的管辖范围，也应由基层法院管辖，只是应组成合议庭审理。

C选项正确。法院作出的拍卖、变卖担保物的裁定，可以强制执行。

D选项错误。本案属于非讼案件，法院不处理争议。一旦对担保物权存在争议，只能终结程序，另行起诉。

87. 答案 AC

精析 A选项正确。支付令可以留置送达，但不可以公告送达。

B选项错误。对于债务人提出的异议，法院只进行形式审查，不审查理由是否成立。

C选项正确。支付令发出就有效力，且具有督促效力，经过15日的异议期，才产生强制执行力。即支付令有两重效力。

D选项错误。不管是提出异议还是起诉，都应向发出支付令的法院作出。若向其他法院起诉或者提出异议，不影响支付令的效力。因此，在本题中，A区法院发出支付令，债务人向B区法院起诉，不影响支付令的效力。

88. 答案 A

精析 本题难度非常大。

A选项正确。A选项中，法院可以受理此诉讼（只要符合起诉条件）。有些同学认为，这构成重复起诉。需要注意的是，重复起诉指的是在当事人已经提起了一个诉讼并获得生效判决的情况下，当事人就同一纠纷再次向法院起诉。可是在本案中，债权人首先提起了一个非讼程序，即督促程序，而后又向其他法院起诉，这并不构成重复起诉。且只要债权人向其他法院起诉，原法院已经发出的支付令就会失效，此案应通过诉讼程序解决。

B选项错误。同学们可能已经注意到了，本案的物权纠纷完全可以通过仲裁解决，因为抵押权人和抵押人签订了有效的仲裁协议。我们所讲的或审或裁原则指的是一个纠纷要么通过诉讼解决，要么通过仲裁解决，不能够同时获得诉讼和仲裁的双重救济。大家还要注意，在本案中，当事人申请法院启动的是实现担保物权案的非讼程序，仲裁条款不能排斥实现担保物权程序，只能排斥诉讼程序。因此，甲向法院申请实现对丙的担保物权，法院应受理案件。

C选项错误。C选项也比较有意思。在本案中，出租店面方遇到了不可抗力，以至于其无法继续履行合同，这就构成了法定的解除合同事由。而在本案中可以看到，乙已经通知丁要求解除合同并且返还租金，但被丁拒绝，因此，在乙的通知到达丁的时候，合同已经解除。就本案而言，乙起诉丁要求解除二者之间的租赁合同，而合同早已经解除，所以，对此诉讼请求，应当理解为要求法院确认二者之间的合同已经处于解除状态。大家要注意，此时虽然采用了解除的说法，但这本质上并不是一个变更之诉，而是一个消极确认之诉。

D选项错误。我之前强调过类似的问题。即便乙没有办法要回租金，对于借贷合同的一般债权人甲而言，他是乙和丁诉讼的第三人吗？不管乙和丁诉讼的结果如何，甲本身的债权因此受到影响了吗？债权增加或者减少了吗？没有。如果说因为租金没有要回来，甲受到清偿的可能降低了，那也只是一种事实上的利害关系，而非法律上的利害关系，因为法律上的权利没有变化。所以，甲在本案中并不是受到案件结果影响的利害关系人，甲根本就不是无独三。

89. 答案 ABCD

精析 A选项不正确，当选。申报权利可以从公告期开始之日一直申报到除权判决作出之前，所以乙公司在公告期届满后的第3天申报权利，并不算是逾期申报。

B选项不正确，当选。公示催告程序是非讼程序，因此不允许进行法庭调查及法庭辩论。

C选项不正确，当选。公示催告程序分为公示催告阶段和除权判决阶段，申报权利的阶段属于公示催告阶段，可以独任也可以合议，并非应当组成合议庭。

D选项不正确，当选。公示催告程序属于典型的非讼程序，一旦法院作出终结程序的裁定，案件即告结束，申请人不能对此裁定上诉或者申请复议。此时，申请人可以以申报人为被告，向法院单独提起一个票据权利纠纷的诉讼。

90. 答案 BCD

精析 A选项正确，不当选。外国的裁判和裁决不可能成为我国法院的执行依据。只有我国承认外国裁判、裁决的裁定书才可以作为我国法院的执行依据。

B选项不正确，当选。对驳回执行中管辖权异议的裁定，当事人不服的，只能向上级法院申请复议；对驳回诉讼中管辖权异议的裁定，当事人不服的，可以向上级法院上诉。

C选项不正确，当选。若未发现债务人财产，则可以终结本次执行；若发现新财产，则申请恢复执行不受执行时效限制。

D选项不正确，当选。作为被执行人的公民因生活困难无力履行债务，无收入来源，又丧失劳动能力的，才应终结执行，而非公民“无力履行债务”就可以终结执行。

91. 答案 C

精析 A选项错误。法院作出的执行依据由一审法院或与一审法院同级的财产所在地法院执行，不限于基层法院。

B选项错误。本选项非常有意思，其比较了申请撤销执行依据和撤回执行申请的法律效果。需要说明的是，不是所有的执行依据都能被申请撤销。一般而言，在执行仲裁裁决书时，存在当事人申请法院撤销仲裁裁决书的可能。一旦当事人申请撤销仲裁裁决书，即属于执行依据无法确定（不知道将来会不会被撤销），故应先中止执行，等待撤销程序的结果。而执行申请被债权人撤回，执行程序就没有继续进行的必要了，故应终结执行。综上，二者的效果是不同的。

C选项正确。部分财产刑和刑事附带民事诉讼的裁定、判决、调解书，由民事执行局执行。

D选项错误。当事人应向执行仲裁裁决的法院申请不予执行仲裁裁决。因为有权执行仲裁裁决的法院都是中级法院，所以，基层法院不可能管辖不予执行仲裁裁决案件。

92. 答案 C

精析 A选项错误。迟延履行利息只能适用于不履行金钱之债的案件。本案应要求李某双倍支付迟延履行赔偿金。

B选项错误。参与分配的债务人必须是自然人或者其他组织，对债权人则只要求取得执行根据或具有优先权。

C选项正确。可以限制其高消费和非生活必需之消费。

D选项错误。次债务人只有主张自己和债务人之间没有债权债务关系，才能构成有效异议。

93. 答案 BC

精析 本题首先考查的是案外人的救济问题，其次考查的是共有人的权利保障。这两个问题是紧密联系的。

A选项错误。法院查封共有财产的，案外人可以主张执行标的错误，并以此为由提出案外人异议。案外人异议提出之后，被法院驳回的，执行就要继续。但是在本案中，法院判决杨某给付医疗费，这个判决和执行的钢材无关，判决本身是正确的，所以没必要撤销或者再审，只需要进一步以案外人黄某为原告、债权人周某为被告，提起案外人异议之诉即可。

B选项正确。若法院认为黄某这个案外人的异议成立，执行就会被裁定中止，此时，周某可以向法院起诉黄某，要求继续执行。周某此时提起的是债权人异议之诉。

C选项正确。若黄某主张部分钢材属于自己，债务人杨某不承认，则黄某作为共有人，可以起诉杨某，要求分割共有财产（主张自己的共有权利）。这个诉讼就叫“析产诉讼”。

D选项错误。若黄某不要求分割钢材，法院就没有办法对共有财产进行拍卖、变卖，这将损害债权人周某的利益。此时，周某可以代替黄某起诉债务人杨某，而非起诉黄某。周某代黄某的位起诉杨某，称为“代位析产诉讼”。

94. 答案 A

精析 本题是在上一题基础上的加深和综合运用。

A选项正确。A选项中，若黄某要求分割财产，而双方也达成了分割协议，注意，必须债权人认可该协议，此时，就可以解除对黄某财产的执行措施。

B选项错误。B选项中，若黄某起诉杨某，就说明二人无法达成分割协议，而必须通过诉讼分割财产。在诉讼中，如果法院认为二人的析产诉讼有可能侵害案外人的合法权益，就说明二人的诉讼属于虚假诉讼，法院可以驳回原告的诉讼请求，并可以对其罚款、拘留。B选项中应该是以“判决”驳回黄某的诉讼请求，而非“裁定”。

C选项错误。C选项中，同学们很容易认为，若黄某和杨某向法院起诉后通过生效判决分割了财产，而二人的生效判决有误，则会侵害周某的利益，因此，周某属于受到本案裁判结果影响、和本案有法律上利害关系的无独立请求权第三人。并且，周某没有参加诉讼，其利益受到黄某和杨某诉讼所得到的错误裁判的影响，故周某可以提出第三人撤销之诉。在第三人撤销之诉中，周某是原告，黄某和杨某是被告。所以，C选项正确。但如果这样理解就忽略了最重要的内容，就是此时周某只是一个一般债权人（要求债务人给付金钱），那么情况就不同了。也就是说，即便黄某和杨某通过判决分割了财产，周某本身的债权因此受到影响了吗？债权增加或者减少了吗？没有。如果说因为债务人财产被分割，周某受到清偿的可能降低了，那也只是一种事实上的利害关系，而非法律上的利害关系，因为法律上的权利没有变化。所以，周某在本案中并不是受到案件结果影响的利害关系人，其根本就不是无独三，也就无权起诉黄某和杨某。

D选项错误。D选项中，若钢材被分割后，不足以清偿债权人周某和何某，此时，周某和何某应适用参与分配制度，由法院制作分配方案，而非由何某和周某达成分割协议。

95. 答案 ABCD

精析 本题是对执行担保制度与执行和解制度的综合考查，考生应对两种制度的规定有比较清晰的掌握。严某和王某达成执行和解协议，以物抵债，用价值7万元的茶叶抵偿5万元人民币，而本案中止执行2个月。案外人焦某提供了物保。

A选项不正确，当选。以书面形式和口头形式达成的执行和解协议都是有效的。

B选项不正确，当选。在执行中和解的，不允许依据和解协议制作调解书。

C选项不正确，当选。以物抵债的和解协议是有效的，但当事人申请法院依据和解协议作出裁定，法院就不能准许了，否则，法院依据和解协议制作了裁定书之后，该和解协议就具备了强制执行力，这和“和解协议没有强制执行力”的基本立场是相悖的。

D选项不正确，当选。执行和解协议达成后，执行程序可以中止，但是，执行时效是中断的，而非中止。

96. 答案 ABCD

精析 本题考查的是执行和解之后的法律效果。

本案中没有约定担保期，按照法律的规定，应推定担保期为1年。

A选项不正确，当选。由于本案中存在执行担保，所以在暂缓执行期满之后，王某可以申请执行原执行根据——执行严某5万元人民币；也可以起诉严某，要求严某履行和解协议——给付价值7万元的茶叶。同时，由于案件还处于担保期之内，王某还可以直接申请执行担保财产，即焦某的财产，注意是直接申请执行，而非起诉焦某。

B选项不正确，当选。15个月之后，2个月的暂缓执行期满，担保期也已经届满。暂缓执行期和担保期都届满后，不得执行担保人的财产，只能执行债务人严某的财产。

C选项不正确，当选。若在暂缓执行期内，发现担保协议和实际情况不符，会损害债权人利益，是可以恢复执行债务人财产或者担保财产的。但是本案中，法院应依申请启动强制执行，不允许依职权主动执行。

D选项不正确，当选。若王某主张和解协议是被胁迫达成的，可以申请法院撤销和解协议，然后恢复原裁判文书的执行，但不允许直接申请恢复执行原裁判文书。

97. 答案 C

精析 本题继续考查执行和解和执行担保的相关考点，但是作了适度的延伸。

A选项错误。2个月后，严某给付了茶叶，执行和解协议履行完毕，执行即告终结，所以王某不得申请恢复原裁判的执行。若茶叶质量不好，王某可以起诉严某，要求严某承担违约责任。

B选项错误。和解协议不具备强制执行力，不能据以执行。

C选项正确。严某没有履行完毕和解协议中确定的义务的，执行就没有结束，王某可以申请恢复原裁判的执行，但是只能再执行4.6万元人民币。

D选项错误。法院又执行了4.5万元人民币就执行结案，属于执行行为违法，王某可以提出异议；异议被驳回的，可以向上级法院申请复议。

98. 答案 ABCD

精析 A选项错误，当选。暂缓执行期届满，债权人可以申请法院直接执行担保财产或担保人的财产，也可以申请执行债务人的财产；但是，不得将担保人列为被执行人。也就是说，可以执行，但不能将担保人列为当事人，因为他本来也不是当事人。

B 选项错误，当选。调解担保生效后，可以依据调解书和担保协议直接申请执行担保人的财产，不需要再单独起诉担保人。

C 选项错误，当选。诉讼中，法院要求财产保全申请人提供担保的，该申请人就必须提供担保。只是法院可以不要求申请人提供担保。

D 选项错误，当选。在约定了担保顺序的情况下，违反约定顺序优先要求实现担保物权的，法院不应受理该申请。

99. [答案] B

[精析] A 选项错误。确认婚姻无效的案件也是涉及婚姻关系的案件，这种案件是不允许调解的。

B 选项正确。对于二审法院认为一审法院判决错误的离婚案件，应调解；调解不成，把全案都发回一审法院重审。这是出于保障当事人对于子女和财产部分的上诉权的需要。

C 选项错误。在女方怀孕期间，女方起诉离婚的，法院应受理。

D 选项错误。在调解、和解过程中，不成立自认。

100. [答案] ABCD

[精析] A 选项错误，当选。因为三个儿子在同一辖区，所以应适用原告就被告的一般地域管辖规则，只有北京市昌平区法院才有管辖权。

B 选项错误，当选。追索赡养费案件可以先予执行，但只能依申请启动。

C 选项错误，当选。追索赡养费案件的被告拒不到庭的，可以拘传，但是应经过 2 次传票传唤。

D 选项错误，当选。追索赡养费、扶养费、抚育费案件，权利人死亡的，执行才能终结。

101. [答案] CD

[精析] A 选项错误。诉讼程序中，相关主体被申请回避后，诉讼程序必须继续进行；仲裁程序中，相关主体被申请回避后，仲裁程序是否重新进行，由仲裁庭决定。

B 选项错误。仲裁程序中，仲裁员意见不一致的，应少数服从多数；无法形成多数人意见的，才按照首席仲裁员的意见作出裁决。

C、D 选项正确。必须先达成仲裁协议，才能申请仲裁；而管辖协议却非必备。除无民事行为能力人的离婚案件和涉外民事诉讼外，不得依据调解协议制作判决书；而仲裁程序中，依据和解协议，只能制作裁决书，不得制作调解书。

102. 答案 AB

精析 A选项正确。因为遗产继承纠纷本身不具有可仲裁性，当事人达成的仲裁协议是无效的，所以，甲向法院起诉，法院应予受理。

B选项正确。当事人不但可以选择仲裁委，还可以各自或者共同选择仲裁员。

C选项错误。仲裁委应在设区的市以上设立，M县根本就没有仲裁委，所以仲裁协议是无效的，甲向法院起诉，法院应受理此案件。

D选项错误。当事人约定了2个仲裁委管辖的，仲裁协议是无效的，但仲裁协议并非当然无效、绝对无效，只要双方当事人达成补充协议，选择北京仲裁委，北京仲裁委就可以取得本案的管辖权。

103. 答案 ABCD

精析 A选项不正确，当选。购销合同虽然无效，但是达成的仲裁协议依然有效，这是仲裁协议效力独立性的要求。既然仲裁协议有效，当然只能申请仲裁，而无权向法院起诉。

B选项不正确，当选。地处上海市的仲裁委有2个，因此，仲裁协议约定不够明确，仲裁协议是无效的，但并非当然、绝对无效，可以达成补充协议。

C选项不正确，当选。仲裁协议的效力具有继受性，仲裁协议对于继承人原则上也是有效的，所以，某甲的儿子可以依据仲裁协议申请仲裁。

D选项不正确，当选。当事人约定又审又裁的，违反了或审或裁原则，由此导致的后果是仲裁协议无效，但协议管辖符合法定条件的，可以有效。但是本题属于典型的不动产纠纷，应由南县法院专属管辖，所以，协议管辖是无效的。

104. 答案 D

精析 本题主要考查的是仲裁协议效力的确认主体和确认顺位的问题。

A选项错误。若首次开庭前，当事人没有对仲裁协议的效力提出异议，该仲裁庭就已经取得了对此案的管辖权，此后再对仲裁协议的效力提出确认要求的，法院不予受理。因为此时即便法院受理了，作出确认的裁定，也将没有任何意义，不管仲裁协议是否有效，仲裁庭都已经取得了管辖权，可以审理此案。

B选项错误。对此仲裁协议有确认权力的主体包括约定的仲裁委和法院。约定的仲裁委地处北京，并且是适用贸仲规则的仲裁委，那么昆明仲裁委就不可能取得确认仲裁协议效力的管辖权。

C选项错误。这个错误非常隐蔽。正常情况下，一方向法院申请确认，一方向仲裁委申请确认的，应由法院优先管辖。但是本题中，当事人申请确认的法院是基层法院，而确认仲裁协议效力的案件应由中院管辖，所以该法院是没有管辖权的，更谈不上由其优先管辖。

D选项正确。仲裁委作出裁决后，当事人再请求法院确认的，法院是不予受理的，这是或审或裁原则的要求。

105. [答案] ABCD

[精析] A选项不正确，当选。涉外证据保全应该由中院管辖，并且应该是证据所在地的中院，而被申请人住所地的中院是没有管辖权的。

B选项不正确，当选。当事人申请仲裁后，应向受理案件的仲裁委申请保全。

C选项不正确，当选。《仲裁法》中没有关于行为保全的规定。

D选项不正确，当选。申请仲裁前的保全属于诉前保全，应向法院申请。

106. [答案] AB

[精析] A选项错误，当选。双方当事人在仲裁过程中达成和解协议的，可以由仲裁庭根据和解协议制作裁决书，也可以向仲裁庭撤回仲裁申请。撤回申请后，仲裁程序终结，原仲裁协议依然有效。但和解协议永远都没有强制执行力。

B选项错误，当选。因原仲裁协议依然有效，故根据或审或裁原则，甲公司不得起诉乙公司。

C、D选项正确，不当选。原仲裁协议有效的，可以依据原协议，或者达成新协议、修改原协议，再申请仲裁。

107. [答案] ABC

[精析] A选项错误，当选。仲裁员的回避应当由仲裁委员会的主任决定，而非集体决定。仲裁委员会主任的回避应由仲裁委员会集体决定。

B选项错误，当选。仲裁员回避后，当事人申请仲裁程序重新进行的，是否重新进行，应由仲裁庭决定，而非仲裁委决定。

C选项错误，当选。仲裁协议效力的确认主体是仲裁委和法院，而非仲裁庭。仲裁庭要想确认仲裁协议的效力，必须首先获得仲裁委的授权。

D选项正确，不当选。首席仲裁员应由双方当事人合意决定，其他仲裁员可以由当事人自行决定。

108. [答案] AD

[精析] 本题就很简单啦！

A选项不正确，当选。仲裁裁决一裁终局，一旦作出马上生效，不用等待签收生效。

B选项正确，不当选。持少数意见的仲裁员可以签名也可以不签名。

C选项正确，不当选。当事人不愿意写事实、理由的，仲裁裁决书可以不写。不写也是一种简化。

D选项不正确，当选。具备给付性内容的裁决书才具备强制执行力。

109. 答案 ABCD

精析 本题是对不予执行仲裁裁决相关问题的综合考查。

A选项错误，当选。依据调解协议与和解协议作出的仲裁裁决只能申请撤销，不可以申请不予执行。所以，当事人提出申请后，即使法院不予支持，也没必要中止执行，更不会对该裁决进行审查。

B选项错误，当选。审查不予执行仲裁裁决案件适用的是审理仲裁司法审查案件程序，而非普通程序。

C选项错误，当选。若裁决侵害了案外人利益或者被申请人利益，案外人和被申请人都可以申请不予执行该裁决，但申请撤销的主体只能是仲裁程序的当事人，案外人无权申请撤销裁决。

D选项错误，当选。D选项前半句是正确的，对该裁决不可以申请不予执行，但是对该裁决也不可以申请复议。仲裁裁决适用一裁终局原则。

110. 答案 ABC

精析 A选项错误，当选。仲裁裁决作出后，具备可撤销或者可不予执行的法定事由的，当事人可以请求法院撤销或者不予执行，而仲裁委无权申请撤销。

B选项错误，当选。当事人应请求法院撤销，而不是请求仲裁委撤销。

C选项错误，当选。在撤销仲裁裁决过程中，只有以伪造证据或者隐瞒证据为由证明裁决有错误的，法院才能通知仲裁庭重新仲裁。本案是以超裁为由申请撤销的，不可以通知仲裁庭重新仲裁。

D选项正确，不当选。在执行程序中，被执行人可以以仲裁裁决超裁为由申请不予执行。

答案速查表

题号	答案	题号	答案	题号	答案
1	ABCD	24	ABCD	46	BD
2	ABCD	25	BC	47	D
3	ABCD	26	AB	48	D
4	ABCD	27	BD	49	D
5	A	28	AD	50	B
6	BD	29	BD	51	ABCD
7	D	30	ABD	52	C
8	AD	31	ABC	53	AB
9	A	32	C	54	ABCD
10	D	33	AC	55	BD
11	ABCD	34	ABCD	56	ACD
12	D	35	BC	57	ABCD
13	ABCD	36（1）	ABCD	58	ACD
14	C	36（2）	AD	59	D
15	BD	37	D	60	B
16	ABC	38	ABCD	61	D
17	AB	39	C	62	C
18	C	40	AD	63	D
19	AB	41	AD	64	D
20	C	42	ABD	65	AC
21	BCD	43	ABCD	66	ACD
22	AC	44	BC	67	AB
23	ABCD	45	D	68	CD

题号	答案	题号	答案	题号	答案
69	C	83	AD	97	C
70	B	84	BCD	98	ABCD
71	BD	85	C	99	B
72	ACD	86	AC	100	ABCD
73	C	87	AC	101	CD
74	B	88	A	102	AB
75	ACD	89	ABCD	103	ABCD
76	D	90	BCD	104	D
77	B	91	C	105	ABCD
78	BCD	92	C	106	AB
79	C	93	BC	107	ABC
80	BC	94	A	108	AD
81	ABCD	95	ABCD	109	ABCD
82	D	96	ABCD	110	ABC

图书在版编目（CIP）数据
金题卷. 民诉法突破 110 题 / 刘鹏飞编著. -- 北京 ：中国政法大学出版社，2025. 6. -- ISBN 978-7-5764-2117-0
Ⅰ. D920.4
中国国家版本馆 CIP 数据核字第 2025EG1660 号

出版者　中国政法大学出版社
地　址　北京市海淀区西土城路 25 号
邮寄地址　北京 100088 信箱 8034 分箱　邮编 100088
网　址　http://www.cuplpress.com (网络实名：中国政法大学出版社)
电　话　010-58908285(总编室) 58908433（编辑部）58908334(邮购部)
承　印　河北翔驰润达印务有限公司
开　本　787mm×1092mm　1/16
印　张　7.5
字　数　160 千字
版　次　2025 年 6 月第 1 版
印　次　2025 年 6 月第 1 次印刷
定　价　45.00 元

厚大法考（成都）2025 年主观题面授教学计划

班次名称		授课时间	标准学费（元）	阶段优惠(元)		配套资料
				8.10 前	9.10 前	
大成系列	主观集训班	7.9～10.7	28800	已开课 ①一对一精批讲解;②班主任一对一督学。		本班配套图书 + 课堂内部讲义
	主观特训班	8.15～10.7	22800	18300	18800	
				①一对一精批讲解;②班主任一对一督学。		
	主观短训班	9.1～10.7	18800	13300	13800	
冲刺系列	首战告捷班	9.15～10.7	17800	11300	11800	课堂内部讲义
	首战告捷 VIP 班	9.15～10.7	17800	①一对一批阅;②协议班次无优惠,订立合同;③2025 年主观题考试未通过,退 10000 元。		
	主观接力班	9.20～10.7	13800	8300	8800	
	主观接力 VIP 班	9.20～10.7	13800	①一对一批阅;②协议班次无优惠,订立合同。		
	主观点睛冲刺班	10.1～10.7	6800	5080	5580	

各阶段优惠政策：

1. 多人报名可在优惠价格基础上再享团报优惠（协议班次除外）：3 人（含）以上报名，每人优惠 200 元；5 人（含）以上报名，每人优惠 300 元；8 人（含）以上报名，每人优惠 500 元。
2. 厚大面授老学员报名再享 9 折优惠（协议班次除外）。

备注：课程时间根据 2025 年司法部公布的主观题考试时间相应调整。

成都

【成都分校地址】四川省成都市成华区锦绣大道 5547 号梦魔方广场 1 栋 1318 室　028-83533213　　加微信获取班次详细介绍

厚大法考（郑州）2025 年二战主观题教学计划

班次名称		授课时间	标准学费（元）	授课模式	阶段优惠(元)		配套资料
					7.10 前	8.10 前	
大成系列	主观集训 A 班	7.9～10.8	14800	视频+面授	协议班次无优惠。一对一批改服务、班班督学。2025 年主观题考试未通过,退 9000 元。		配备本班次配套图书及随堂内部资料
	主观集训 B 班	7.9～10.8	14800	视频+面授	10300	已开课	
冲刺系列	主观特训班	8.20～10.8	11800	视频+面授	8300	8800	
	主观接力 VIP 班	9.20～10.8	13800	面　授	一对一精批讲解、班班督学、班级群打卡、魔鬼训练。2025 年主观题考试未通过,退 10000 元。		
	主观接力班	9.20～10.8	10800	面　授	7300	7800	

优惠政策：

1. 2 人（含）以上团报，每人优惠 200 元；3 人（含）以上团报，每人优惠 300 元。
2. 厚大老学员在阶段优惠基础上打 9 折，不再适用团报政策。
3. 协议班次、VIP 班次无优惠，不适用以上政策。

【郑州分校地址】河南省郑州市龙湖镇（南大学城）泰山路与 107 国道交叉口向东 50 米路南厚大教学
咨询电话：李老师 19939507026

厚大法考 APP　厚大法考官微　厚大法考官博　郑州厚大官微　郑州厚大官博

2025法考·客观题考前狂刷冲关班

厚大网授

*课程时间：8月1日-客观考前

*普通模式:980元

*协议模式:2980元（客观不过，费用全退）

◎3000题=覆盖95%客观题考点 刷会即通关

课程特色

★ 1000⁺「金题库」：命题人视角筛选，道道直击考点

源头保障 多年法考研究，贴合2025考纲新趋势。

标签化学习 每题标注【陷阱指数】【2025新增考点关联度】，错题本自动收录

视频拆题课 “题干密码破译法”+“选项排除快准狠技巧”

★ 10套「战神卷」全真模考：考前40天冲刺，提前适应考场节奏

高仿真模考题 题型分布、难度梯度、时间限制与真实考场完全同步，刷完即实战！

动态排名系统 模考成绩实时对比，清晰定位自身水平，冲刺更有方向！

错题解析复盘 每套卷后搭配详细文字解析，揪出你的“思维盲区”，杜绝同一错误重复犯

答疑讲师亲驻群内

教研团队后台支持

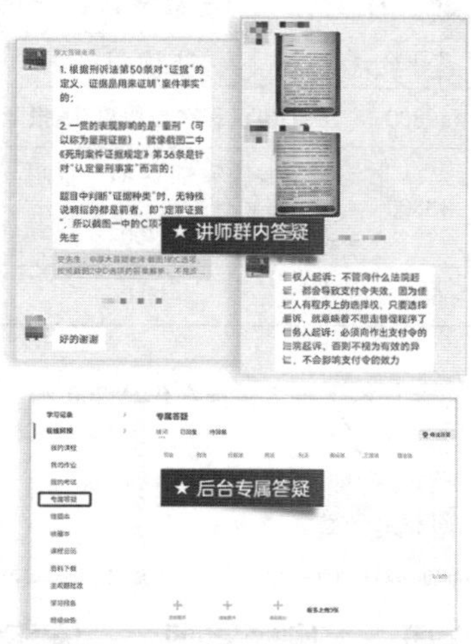

让每个疑问都成为▸突破的跳板

让每次答疑都成为▸成长的契机

刷题不是负担

是通关的捷径！

加入「考前狂刷冲关班」

用3000题

敲开客观题大门！

普通模式
扫码购买了解详情

协议模式
扫码购买了解详情

厚大法考（广州、深圳）2025年主观题面授教学计划

<table>
<tr><th colspan="2" rowspan="2">班次名称</th><th rowspan="2">授课时间</th><th rowspan="2">标准学费（元）</th><th colspan="2">阶段优惠(元)</th><th rowspan="2">配套资料</th></tr>
<tr><th>8.10 前</th><th>9.10 前</th></tr>
<tr><td rowspan="4">大成系列</td><td>主观集训班</td><td>7.9~10.7</td><td>28800</td><td colspan="2">已开课
①一对一精批讲解;②班主任一对一督学。</td><td rowspan="4">本班配套图书
+
课堂内部讲义</td></tr>
<tr><td rowspan="2">主观特训班</td><td rowspan="2">8.15~10.7</td><td rowspan="2">22800</td><td>18300</td><td>18800</td></tr>
<tr><td colspan="2">①一对一精批讲解;②班主任一对一督学。</td></tr>
<tr><td>主观短训班</td><td>9.1~10.7</td><td>18800</td><td>13300</td><td>13800</td></tr>
<tr><td rowspan="5">冲刺系列</td><td>首战告捷班</td><td>9.15~10.7</td><td>17800</td><td>11300</td><td>11800</td><td rowspan="5">课堂内部讲义</td></tr>
<tr><td>首战告捷 VIP 班</td><td>9.15~10.7</td><td>17800</td><td colspan="2">①一对一批阅;②协议班次无优惠,订立合同;
③2025 年主观题考试未通过,退 10000 元。</td></tr>
<tr><td>主观接力班</td><td>9.20~10.7</td><td>13800</td><td>8300</td><td>8800</td></tr>
<tr><td>主观接力 VIP 班</td><td>9.20~10.7</td><td>13800</td><td colspan="2">①一对一批阅;②协议班次无优惠,订立合同。</td></tr>
<tr><td>主观点睛冲刺班</td><td>10.1~10.7</td><td>6800</td><td>5080</td><td>5580</td></tr>
</table>

各阶段优惠政策：

1. 多人报名可在优惠价格基础上再享团报优惠（协议班次除外）：3人（含）以上报名，每人优惠200元；5人（含）以上报名，每人优惠300元；8人（含）以上报名，每人优惠500元。
2. 厚大面授老学员报名再享9折优惠（协议班次除外）。

备注：课程时间根据2025年司法部公布的主观题考试时间相应调整。

联系我们：【广州分校】广东省广州市海珠区新港东路1088号中洲交易中心六元素体验天地1207室 020-87595663 020-85588201

【深圳分校】广东省深圳市罗湖区滨河路1011号深城投中心7楼 0755-22231961

厚大法考（上海）2025年主观题面授教学计划

<table>
<tr><th colspan="2" rowspan="2">班次名称</th><th rowspan="2">授课时间</th><th rowspan="2">标准学费（元）</th><th colspan="2">阶段优惠(元)</th></tr>
<tr><th>8.10 前</th><th>9.10 前</th></tr>
<tr><td rowspan="4">冲刺系列</td><td>首战告捷班</td><td>9.20~10.7</td><td>19800</td><td colspan="2">①协议班次无优惠,随报随学;②2025 年主观题不过全退。</td></tr>
<tr><td>主观决胜 VIP 班</td><td rowspan="2">9.20~10.7</td><td rowspan="2">13800</td><td colspan="2">①专属辅导,一对一批阅;②赠送专属自习室。</td></tr>
<tr><td>主观决胜班</td><td>8300</td><td>8800</td></tr>
<tr><td>主观点睛冲刺班</td><td>10.1~10.7</td><td>6800</td><td>4380</td><td>4880</td></tr>
</table>

各阶段优惠政策：

1. 多人报名可在优惠价格基础上再享团报优惠：3人（含）以上报名，每人优惠200元；5人（含）以上报名，每人优惠300元；8人（含）以上报名，每人优惠500元。
2. 厚大面授老学员报名再享9折优惠。

PS：课程时间根据2025年司法部公布的主观题考试时间相应调整。

【松江教学基地】上海市松江大学城文汇路1128弄双创集聚区3楼301室　　咨询热线：021-67663517

厚大法考 APP　厚大法考官博　广州　深圳　上海厚大法考官博　上海厚大法考官微